달라붙는 감정들

달라붙는 감정들

일상적 참사는
우리 몸과 마음에
무엇을 남기는가

의료인류학연구회 기획

김관욱, 김희경, 이기병,
이현정, 정종민 지음

아몬드

일러두기

1. 이 책의 기획 및 출간은 한국문화인류학회 소모임 연구지원사업의 지원을 받아 진행되었다.

2. 각주는 본문 내용을 부연 설명하기 위해, 후주는 인용하거나 참고한 문헌의 출처를 밝힐 목적으로 사용했다.

3. 참여관찰 기록이나 구술 인터뷰 내용을 그대로 싣는 경우 한글 맞춤법, 표준어 및 외래어 표기법 등 어문 규정에 맞지 않는 표현이 있더라도 그대로 실었다.

고통 곁에서 부서진 언어 이어 붙이기

2014년 4월 16일, 학교 식당 한가운데 걸려 있는 TV를 보며 점심을 먹었다. "단원고 학생 325명 전원 구조"라는 뉴스 자막 뒤로 거대한 배가 뒤집혀 있었다. 수학여행에 간 아이들이라고 했다. 모든 아이가 구조되어 정말 다행이라는 생각이 가장 먼저 들었다. 아이들에겐 트라우마가 남을 만한, 잊지 못할 수학여행이 되겠다고 주억거리며 반찬 냄새와 사람들 소리가 뒤엉킨 식당을 빠져나왔다.

2020년 2월 19일, 출근 준비를 하다가 잠시 소파에 드러누워 포털 뉴스를 확인했다. 이렇다 할 접촉자도, 해외여행력도 없는 31번 확진자가 대구 지역에서 처음 발생했는데, 그가 '슈퍼 전파자'이며 곧 다수의 확진자가 발생할 것이라는 예측이 포털을 뒤덮기 시작했다. 요란한 경고음과 함께 대구시청으로부터 "코로나19 지역 감염 확산 우려, 열 또는 기침 증세가 있으신 분은 다중 이용 시설 및 외부 활동을 제한하시고 보건소 또는 1339로 연락 부탁드립니다"라는 긴급 재난 문자가 날아들었다.

2022년 10월 29일, 잠자기 전 예능 프로그램을 보는데 갑자기 "'핼러윈' 인파 몰린 이태원… 50여 명 심정지 추정"이라는 자막이 화면 아래에 걸렸다. 예능 프로그램이 중단되면서 사건 현장이 보도됐다. 재난 영화의 한 장면처럼 사람들이 쓰러져 있었고, 심폐소생술을 하는 절박한 얼굴들이 눈에 들어왔다.

세월호 참사, 코로나19, 이태원 참사라는 말을 직접적으로 입에 담지 않아도 우리는 2014년 4월 16일, 2020년 2월 19일, 2022년 10월 29일이 무엇을 의미하는지 안다. 그날은 눈으로 보고도, 소리를 듣고도 좀처럼 믿어지지 않던 비극이 학교, 집, 친구와 간만에 놀러 간 골목길 같은 우리의 일상적 공간을 침범해 무너뜨린 날이다. 해마다 4월이 되면, 노란색을 떠올리면, 배를 보면, 교복을 입은 아이들을 마주치면, 건물 입구에 붙은 너덜너덜해진 코로나19 방역 안내 포스터를 보면,

10월 핼러윈이 다가오면, 이태원역을 떠올리거나 근처 골목을 걷다 보면, 우리는 그때 그날의 시간으로 돌아간다. 세월호 참사와 코로나19 확산과 이태원 참사는 각각의 사건처럼 보이지만, 우리 모두의 기억 속에 서로 뗄 수 없는 일들로 엉켜 차곡차곡 누적되어 있다. 그 일들의 여파는 참사가 반복되면서 우리 일상에 켜켜이 쌓였다. 희생자나 유가족만의 일로 덮어둘 수 없는 일이 되었다. 우리는 모두 TV나 포털을 통해 일상의 시공간에서 참사를 목격했고, 그 경험은 우리의 몸과 마음에 흔적을 남겼다.

코로나19 확진자 수가 늘지 않는다고 해서, 참사 현장에 있지 않았다고 해서, 지금 살아 숨 쉬고 있다고 해서 건강한 삶을 살아가고 있다고 말할 수 있을까? 이 책을 쓴 다섯 명의 의료인류학자들은 일상을 무대로 연이어 벌어진 참사의 궤적 속에 놓여 있는 우리 모두의 안부를 묻는다.

충분한 애도가 이루어지지 못한 사건 위에 새로운 비극이 포개지고, 진실을 규명하는 일이 반복적으로 무산되는 일상 속에서, 우리는 각자도생할 수밖에 없다는 위기감을 학습하며 살아가고 있다. 그렇게 신경을 곤두세운 채 살다가 지쳐, 결국 감정을 소모케 하는 모든 가능성을 차단해버린다. 아예 관심의 영역에서 지워버리거나, 슬프지도 기쁘지도 않은 무감각 상태를 유지하기도 한다. 그렇게 우리 각자의 일상 속에 이미 들어와 있는 참사가, 나와는 상관없는 '그들의 일'이라고 애써 거리를 둔 채 살아가게 된다. 무감각을 실천하는 일이, 봉합하고 덮어두는 일이 생존을 보장해줄 것이라 믿으면서 말이다.

하지만 생의 감각이 무력화된 삶은 진정한 의미에서 생동하는 삶이라 말할 수 없다. 직접적인 피해자가 아니어도 일상의 삶 곳곳에 드리우는 무기력의 감각과, 내가 혹은 나의 가족이 참사의 희생자가 될지도 모른다는 불안감은 우리를 건강하지 못한 삶으로 이끈다. 결국 이 책의 저자들은 모두의 일상을 회복하기 위해서, 각자의 삶 안에 들어온 참사의 기억과 거기에 찐득찐득하게 엉긴 감정이나 정서 등으로 명명되는 정동(affect, 情動)을 되짚어볼 필요가 있다는 데 동의하기에 이른다. 그것이 바로 이 책의 출발점이었다.

이 책에서는 '감정'이나 '정서'라는 단어보다 '정동'이라는 학술어를 주로 사용한다. '감정적'이라는 말은 이성의 언어로는 표현할 수 없고 이해할 수도 없는, 이른바 '이성적이지 못한 상태'임을 탓할 때 자주 사용된다. 반면 정동은 '말문이 막히다', '몸이 얼어붙다', '속이 타들어간다'와 같이 물리적 신체와 뒤얽힌, 인간을 존재하게 만드는 생명의 원초적이고 근원적인 힘을 총체적으로 표현하는 개념이다.

'감정' 혹은 '정서'라는 개념은 특정 상황에 반응하는 인간의 느낌과 생각을 지극히 개인적이고 주관적인 영역으로 치부한다. 이는 감정은 개인적이고 주관적인 것인 반면, 이성은 합리적이고 객관적인 것이라고 구분하는 이분법적 사고에서 기인한다. 정동 이론은 이러한 이분법을 넘어서 "유사한 경험과 느낌의 반복을 통해 특정한 몸과 몸이 마주하게 됐을 때 느끼는 에너지의 마주침으로 우리 몸이 특정한 방식으로 행동하게 되거나 반응하게 되는 현상"[1] 자체에 주목한다. 즉 정동 이론은 감정을 개인적인 것으로 치부하는 시선에서 벗어나 타자와의 마주침이 내 몸에 어떠한 감정적·신체적 파동을 일으키는지 그 "계보"를 추적하는 것이다.[2] 저자들은 지난 10년간 우리가 함께 목격하고 경험한 일상적 참사가 생명의 힘을 표출하는 방식을 어떻게 위축시켰는지, 타자와 관계를 맺는 방식을 어떻게 뒤틀어 놓았는지, 또한 이를 바로잡기 위해 어떠한 노력을 해야 하는지를 정동의 관점에서 추적하고 탐색했다. 이 책은 그 추적과 탐색의 결과물이다.

의료인류학자는 고통을 겪는 이의 "곁"에서 그가 온몸으로 토해내는 부서진 언어를 이어 붙여 모두가 함께 머물 수 있는 "자리"를 다시금 만들기 위해 힘쓰는 일을 한다.[3] 살아 있지만 살아 있는 게 아닌 것 같다고 느끼는 무기력함과 언제든 나에게도 같은 일이 발생할지 모른다는 불안감은 반복된 참사의 궤적과 연결되어 있다. 그러므로 참사는 그들만의 이야기가 아니다. 우리 모두의 이야기일 수밖에 없다. 미약하나마 이 책을 읽으며 고통으로 헐린 당신의 몸과 마음을 돌아보길, 참사가 휩쓸고 간 자리에서도 서로 보듬어주며 앞으로 나아갈 수 있는 희망의 지점을 발견하길 간절히 바라본다.

2024년 4월

김희경

차례

───────

우리가 그 시절 잃어버린 것들

: 애도에 관하여

이기병(한림대학교 의과대학 춘천성심병원)

───────

돌봄의 얼굴들

: 의료와 철학의 언어를 넘어 실천과 삶의 언어로

정종민(전남대학교 글로벌디아스포라연구소)

애도의 시간은 흘러가지 않고 반복된다

: 이태원 참사가 우리에게 남긴 것들

김관욱(덕성여자대학교 문화인류학과)

기나긴 혁명, 그래서 우리는 계속 걸어갈 것이다

: 참사 이후 정동의 갈래들

이현정(서울대학교 인류학과)

"열이 나면 받아줄 수가 없대요"

의료 관료주의의 무심함과
기다림의 사회적 가치

김희경

경북대학교 고고인류학과

- 이 글은 2021년 대한민국 교육부와 한국연구재단의 인문사회분야 신진연구 자지원사업의 지원을 받아 수행한 연구(NRF-2021S1A5A8062335) 내용을 토대로 작성했다.

"정부의 사업들은 (비록 사업 자체가 강압적인 형태는 아닐지라도) 의뢰인의 시간을 장악한다. 사소한 종류의 괴롭힘, 특히 "내일 다시 오세요"와 같은 반복적 권고, 사실상 거의 차이가 없는 비슷한 형식을 끝없이 요구하거나 관료가 (사실은 모든 것을 알고 있지만) 얼마나 걸릴지, 결과가 어떨지 알 수 없다고 주장하는 등과 같이 무심함을 구성하는 이 모든 요소들은 개인에게 주어진 시간성의 외양까지 잠식해 들어간다."[1]

저녁에 걸려온 전화 한 통

2022년 2월 28일 〈배철수의 음악캠프〉 3부가 시작하는 소리를 들으며 저녁 식사 후 뒷정리를 하던 즈음이었다. 시계는 저녁 7시를 가리키고 있었다.

"통화 괜찮아? 아니 아빠가 좀 이상해서. 오전에 밖에 다녀오셨는데 마스크에 피가 묻어 있고, 집에 와서도 여러 번 토하셨어. 게다가 말이 어눌해지셨어. 뭘 여쭤보면 짧게 대답은

"열이 나면 받아줄 수가 없대요"

하시는데 문장으로 말씀은 못 해. 걷는 것도 좀 비틀거리시고. 목은 아프지 않으시대. 체온은 37도 정도로 미열이 있고. 낮에 아빠랑 엄마 모시고 PCR 검사는 받고 왔거든. 결과가 내일이나 나올 텐데…… 그래도 병원에 가보는 게 낫겠지?"

서울에서 부모님과 함께 살고 있는 언니였다. 아버지는 몇 해 전 심근경색으로 스텐트 시술을 하셨다. 그래서 언니 이야기를 들으며 나는 초긴장 상태가 될 수밖에 없었다. 뇌졸중 또는 뇌경색이 의심되는 상황이었기 때문이었다. 뇌졸중 또는 뇌경색이라면 3~4시간 안에 병원에 가서 조치를 받아야 한다. 그렇게 하지 않으면 뇌에 손상이 발생할 뿐 아니라 생존 자체를 위협할 수 있다. 나는 언니에게 당장 구급차를 불러서 병원으로 가는 게 좋겠다고 말했다.

며칠 전인 2월 25일 목요일, 나는 어머니와 통화를 나눴다. 2022년 2월을 기점으로 정부의 코로나19 대응 정책이 재택 치료 체제로 전환됐기 때문에 나는 혹시나 하는 마음에 몇 가지 비상약을 사서 친정에 보냈다. 어머니께서 내가 보내준 비상약을 잘 받았다며 전화를 하신 거였다. 그날 어머니에게 언니가 감기에 걸려 열도 나고 목도 아픈데 감기약을 먹어도 좀처럼 낫지 않는다는 이야기를 전해 들었다. 상황이 나아지지 않았는지 결국 3일 후인 28일 오후에 언니와 엄마, 아빠는 근처 선별진료소에 가서 PCR 검사를 받았다. 그런데 바로 그날 저녁, 아버지가 뇌졸중 또는 뇌경색 의심 증상을 보인 것이다. 나는 혹시라도 언니가 코로나19 확진 판정을 받으면 병원에 출입 자체가 안 될 수도 있으니 내가 아버지 곁을 지키는 편이 낫겠다고 판단했다. 언니에게 곧 서울로 올라갈 테니 구급차가 어느 병원으로 가는지 알려달라고 당부한 뒤 전화를 끊었다. 나는 동대구역에서 서울로 가는 KTX 기차 편을 확인하며 작은 가방에 짐을 꾸리기 시작했다.

대충 짐을 챙겨 집을 나서기 전 언니에게 다시 전화를 걸었다. 어느 병원인지 확인해 바로 병원으로 갈 요량이었기 때문이다. 언니한테 처음 전화가 걸려온 뒤 1시간 30분이 지났을 무렵이었다. 하지만 언니는 뜻밖의 이야기를 했다. 아버지를 받아주는 병원이 없어서 구급차가 아직 출발도 못한 채 집 앞에 서 있다는 말이었다.

구급차는 왜 출발하지 못했나

그날 밤, 구급차가 왜 바로 병원으로 출발하지 못했는지를 이해하기 위해서는 2021년 하반기부터 2022년 3월까지의 상황을 알아야 한다. 2021년 10월, 한국의 백신 접종률은 70.1퍼센트였다. 당시 일본의 접종 완료율은 68.9퍼센트였고, 미국은 56.5퍼센트 수준이었다.[2] 미국 〈뉴욕타임스〉는 한국이 백신을 확보하는 데 시간이 걸려 주요 선진국보다 접종을 늦게 시작했지만 접종률 70퍼센트를 빠르게 달성할 수 있었던 이유를, "시민들이 백신에 긍정적이었고 백신 접종자에게 사적 모임 규제를 풀어줬던 것이 유효했기 때문"이라고 분석했다.[3] 정부에서는 '위드 코로나' 로드맵을 공개했고, 12월 중순부터는 부분적으로 마스크 착용 의무 및 모임 제한을 해제하는 방안도 논의했다.

그런데 2021년 11월, 보츠와나 지역에서 오미크론 변이 바이러스가 발견됐다. 오미크론 변이는 이전의 델타 변이보다 치명률이 높지는 않았지만 전파력은 컸다. 또한 부스터샷까지 접종을 마쳤어도 오미크론 변이에 감염된 사례가 보고되면서 오미크론 바이러스가 백신 보호를 회피할 수 있는 기질을 보인다는 연구 결과들이 속속 발표됐다. 오미크론 확산을 막기 위해 정부에서는 12월부터 헬스장, 목욕탕 등 일부 다중이용 시설에 적용하는 '방역패스(접종 완료 증명서, PCR검사 음성 확인서)'의 유효기간을 6개월로 제한했다.[4] 하지만 이러한 노력에도 2022년 1월 경, 한국에서는 오미크론이 우세종으로 자리를 잡았고 확진자 수는 폭증했다.

정부는 병상 부족을 해소하기 위해 입원할 정도로 심각한 상태가 아닌 60세 미만 확진자는 모두 집에서 치료하기(재택 치료)로 정했다. 재택 치료가 전면화되면서 2022년 2월 10일부터는 보건소에서 일반 확진자에게 배송되던 재택 치료 키트와 약 배송, 전화 모니터링 서비스도 중단됐다. 고위험군에 의료 자원을 집중해 인명 피해를 최소화하겠다는 방침이었다.

스스로 자신의 건강을 알아서 책임져야 하는 '셀프 치료' 체제로 전환되면서 자가검사키트 가격은 치솟았고 상비약이 곳곳에서 품절됐다. 나 역시 해열진통제, 감기약, 기침약, 코감기약, 지사제, 소화제, 진경제 등 지인에게 얻은 상비약 목록을 들고 이 약국, 저 약국을 찾아다녔다. 산소 포화도를 측정하는 기계도 따로 구매해 시댁과 친정에 부쳤다. 어머니는 필요하면 너희나 쓸 것이지 무슨 약을 이렇게 많이 보냈느냐고 놀라셨다. 그게 불과 3일 전 일이었다.

방역당국의 코로나19 치료 방침은 그러했지만, 아버지의 경우 코로나19가 아니라 뇌졸중이 의심되는 상황이었기 때문에 잠깐만 기다리면 아버지를 이송할 수 있을 것이라 생각했다. 하지만 밤 10시가 넘어가도록 아버지는 어느 병원으로도 이송되지 못했다. 저녁까지만 해도 37도 정도로 미열 증상만 보였는데 소방대원이 열을 재보니 39도까지 치솟았다. 뇌졸중이 의심되더라도 열이 나는 환자를 받아주는 병원은 없다고 했다. 소방대원들은 아버지를 받아주는 병원이 없으니 그만 돌아가겠다고 했다. 답답한 마음에 나는 소방대원분과 직접 통화를 했다.

"웃기죠. 구급차가 이렇게 한 시간 넘게 출발도 못하고 삐대고 있을 수밖에 없는 게. 저희도 그냥 빨리 이송해드리는 게 편해요. 그런데 지금 서울에 마흔 군데 넘게 전화하고 경기도까지 다 전화해봤는데 열이 나면 받아줄 수가 없대요. 차라리 코로나19면 코로나 환자 전용 병상에라도 입원할 수 있거든요. 그런데 아버님처럼 확진은 아니지만 코로나19가 의심되는 경우라 검사 결과가 나올 때까지 음압 격리병상에 계셔야 하는데 이미 다 찼다고 받아주질 않네요. 그렇다고 마구 밀고 들어갈 수도 없잖아요. 그게 안 돼요. 밀고 들어가고 그런 게."

"저희 아버지 지금 뇌졸중 전조 증상이 의심되는데요. 그럼 이러면 안 되는 거잖아요. 골든타임 놓치면 어떻게 되는지 아시잖아요."

"네. 알죠. 아는데, 이렇게 열이 있으면 받아주는 병원이 없어요. 지금 계속 전화 다시 돌려보고 있는데 자리가 없어요.

저희도 자리 날 때까지 몇 시간을 무작정 이렇게 대기할 수도 없잖아요. 사설 구급차를 부르시든가 아니면 자차로 응급실에 가서 자리가 날 때까지 기다리는 수밖에 없어요. 시간은 말해드릴 수 있어요. 아버님이 원래 삼성병원 다니셨다고 하셔서 삼성병원에 전화해서 물어보니 오늘 낮 1시에 온 환자가 아직까지 못 들어가고 있대요. 그냥 무작정 기다려야 한대요. 그나마 답을 준 게 강북 성심병원인데요. 8시간 기다리셔야 한데요. 8시간 가서 고생하느니 아침에 PCR 검사 결과 나온 거 보고 움직이는 게 나으실 수도 있어요."

"그럼 양성이면, 양성이면 어떻게 되는 건가요?"

"양성이면 병상은 배정받으시겠죠. 아버님이 고령이시니까. 그런데 아버님처럼 코로나19가 의심이 되는데 외상이 있는 사람은 어떻게 해야 한다는 매뉴얼이 없어요."

소방대원은 만일 양성이면 코로나19 치료를 받을 수 있는 병상에 배정될 수는 있지만, 뇌경색 치료를 바로 받지는 못할 거라고 말했다. 그럼 그렇게 침대에 누워서 뇌세포가 죽어가는 것을, 꺼져 들어가는 것을 보고만 있으라는 건가? 여러 질문을 삼키며 간신히 소방대원에게 이렇게 말했다.

"그럼…… 우리 아버지 같은 사람은…… 어떻게 해야 되는 건가요? 우리 아버지 같은 분이 갈 곳은 없다는…… 말씀이신

가요?"

옆에서 듣던 딸아이가 심상치 않은 분위기에 눈물을 터뜨렸다. 소방대원은 그 사이 자리가 났을 수도 있으니 다시 한번 서울과 경기도에 있는 병원들에 전화를 돌려보겠다고 했다.

무심함에서 무자비함으로

9시 반이 넘은 시간, 구급차는 여전히 병원을 찾지 못해 세 시간이 다 되어가도록 집 앞에 덩그러니 서 있었다. 그 시간을 마냥 기다리기만 해야 하는 상황이 답답해 응급실 근무 경험이 있는 의사 A 선생님께 연락을 드렸다.

"뇌졸중이 의심되는 상황이면 바로 응급실 가는 게 맞는데 구급차가 출발하지 못하고 있다고요? 이게 바로 우리나라 의료의 현실입니다. 지금 열이 나면 아예 받아주지도 않고, 음압병상이든 뭐든 환자가 다 차서 자리를 찾을 수가 없는 모양이네요. 정부가 방역 체계를 열어버려서* 응급실이 포화 상태일 거예요. 응급실에 자리가 나더라도 코로나 환자면 안 받아줄 테고요. 열이 나고, 말이 어눌해지고, 몸의 균형을 잡지 못하시는 상태라면 좀 더 여러 스펙트럼의 문제일 수 있을 듯해요. 당연히 무조건 검사를 빨리 받아보셔야 하고요. 병원에 자리가 있는지 전화해서 물어보면 굉장히 건조하게 없다는 답만 받을 가능성이 있어요."

A 선생님은 뒤이어 "일단 응급차를 밀고 들어가 보는 수밖에 없을 것 같다"고 덧붙였다. 병실이 없다는 이유로 환자를 거부하는 병원 특유의 대응을 뚫기 위해서는 스러져가는 환자의 몸을 현장에 노출시켜 치료를 이끌어내는 방법뿐이라는 조언이었다.

A 선생님의 말을 전하려고 집으로 다시 전화를 걸어보니 그 사이에 첫 번째 구급차가 떠나고, 두 번째 구급차가 왔다고 했다. 첫 번째 구급차는 갈 수 있는 병원이 없는 상황에서 마냥 시간을 보내기 어렵다며, 두 번째 구급차에 아버지를 인계하고 떠났다. 나는 답답한 마음에 또 다른 의사 B 선생님에게 연락했다. 그분도 뇌졸중이 의심되는데 열이 난다는 이유로 응급실에 들어가지 못하는 상황이 도무지 이해가 가지 않는다며, 현장에 있는 구급대원과 직접 통화를 나누기도 했다. 그

• 오미크론이 확산할 당시, 정부는 확진자의 격리 기간을 10일에서 7일로 줄였고, 백신 접종을 완료한 밀접접촉자의 격리 조치도 해제하면서 확진자 수가 급증하는 상황이었다.

리고 A 선생님의 조언처럼 '밀고 들어가는 방안'이 정말 불가능한지도 재차 확인했다.

"뇌경색 진료를 봐줄 수 있는 신경과를 보유한 3차 병원급 응급실이 이미 다 찼고, 심폐소생술을 할 공간도 없을 정도로 중환자들이 꽉꽉 채워져 있는 상태라고 하네요. 구급대원 말씀이, 지금 환자가 어떤 상태이건 열이 나면 코로나19 환자 격리실에 누구라도 한 명이 빠져야 들어갈 수 있대요. 뇌경색이 의심되는 수준이 아니라 확실시 되더라도 받아주지 않는다는 거예요. 간이검사 결과가 양성이면 사실 코로나19일 확률이 높거든요. 그래서 저는 코로나19 간이검사라도 해보시는 게 낫지 않겠냐는 생각인데, 구급대원 말로는 코로나19 양성이면 더 안 받아준다고 해요. 코로나19 환자 격리실에 자리가 아예 없으니까요. 양성이면 정말 돌아가시기 직전이 아니면 받아주질 않는다고 하네요."

상급병원뿐 아니라 중급병원까지 모두 전화를 돌려봤지만 '열이 나는 뇌경색 의심 환자'를 받으려 하는 곳은 한 군데도 없었다. B 선생님은 다음 날 아침 코로나19 검사 결과가 음성이 나오면 최대한 빨리 응급실에 가서 뇌졸중 검사를 받는 게 나을 것 같다고 말했다. 만일 양성이면 코로나 치료를 받으면서 신경과 진료도 받을 수 있는 곳을 찾는 수밖에 없다고 했다. 아마 대부분의 의사들은 진료를 거부하겠지만, '아무리 코로나19 환자여도 뇌졸중 검사가 필요한 환자를 치료하려는 의사가 한 명은 있지 않겠느냐'고 덧붙였다.

결국, 두 번째 구급차도 돌아갔다. B 선생님은 평소 아버지가 드시는 약 종류를 묻고 그날 밤 가족들이 할 수 있는 일을 안내해줬다. 아버지께서 심장 수술 이후에 드시고 계시는 혈전제에 뇌경색 예방 효과가 있으니까 그 약은 계속 드시는 게 좋을 것 같다고 했다. 해열제를 3시간마다 드시게 하고 의식이 흐려지지는 않는지 확인해야 한다고도 당부했다. 나는 밤새 컴퓨터 앞에 앉아 코로나19 검사 결과가 양성으로 나올 경우 신경과 진료를 요청할 수 있는 병원의 명단을 추렸고, 어머니와 언니는 아버지 곁을 지켰다.

기다림은 다음 날 아침까지 이어졌다. 아버지는 밤새 두어 번을 더 토하셨다. 날이 밝았지만 코로나19 검사 결과가 나오지 않았기 때문에 달리 할 수 있는 일이 없었다. 병원에 입원하는 데도, 신경과 진료를 받는 데도 PCR 검사 결과가 필요했다. 오전 9시 정도에는 결과를 문자로 받을 수 있겠거니 예상하고 기다렸지만 11시가 다 되도록 소식은 없었다. 답답한 마음에 보건소로 전화를 걸었다. 상황을 설명하고, 검사 결과를 언제쯤 알 수 있을지 문의했다.

"어제 검사하신 분들이 너무 많아서요. 아버님의 검사 결과는 아직 '보고 예정'으로 되어 있어요. 늦으면 내일 오전이고, 빨라도 오늘 저녁이 되어야 알 수 있을 것 같네요. 같이 검사하신 가족 분들도 마찬가지예요. 팀장님께 제가 한번 보고는 드려보겠지만 답변이 너무 예상돼서 죄송하네요."

보건소 직원은 열심히 내 이야기를 들어주었고 아버지 상태를 체크하면서 조금이라도 도움을 줄 수 있는 부분은 없는지 파악하려고 애썼다. 하지만 내가 가장 얻고자 했던 확진 유무에 관한 정보는 얻을 수 없었다. 보건소 직원은 "'보고 예정' 상태라 지금으로서는 알 수 없다"라는 말만 기계처럼 반복했다.

기다림은 보편적 경험이다. 길든 짧든 만족스럽든 불만족스럽든 의료 체계에 진입하기 위해 우리는 기다림의 과정을 거쳐야 한다. 기다림은 일종의 약속이다. 누구나 빨리 치료를 받고 싶고 불편한 상태에서 얼른 벗어나고 싶다는 열망과 욕구를 느낀다. 이렇게 여러 욕구가 충돌할 때, '환자 분류 체계(triage, 트리아지)에 따라 일정한 절차를 거쳐 치료를 받는다'는 관료제적 원칙은 의료 체계를 안정적으로 굴러가게 하는 동력이 된다. 관료제는 기본적으로 몰인격적인 질서에 복종하고, 법에 따라서만 직무가 이루어지며, 직무상의 지위가 사적으로 이용되지 않는다. 또한 자의적 판단을 배제하기 위해 형식주의를 우선한다는 점에서 "합법적 지배의 가장 순수한 형태"로 인정받았다.5 이처럼 관료제는 합목적적이고 비인격적인 이해관계, 즉 제도를 집행하는 관료와 시민의 개인적인 친분이나 사적인 인연에 영향을 받는 인격적 이해관계에 의해 좌우되기보다는 절차에 따라 문제를 처리한다는 점에서 의료자원을 분배하는 원칙으로 기능하고 있다.

하지만 관료제가 현실에서 작동하는 방식은 그렇게 합리적이지만은 않다. 인류학자 아킬 굽타(Akilh Gupta)는 인도의 지역사회에서 빈곤 퇴치 프로그램이 합리적이지 않고 우발적이며 자의적으로 운영되는 측면을 보여준다.6 예를 들어, 기초노령연금을 받기 위해서는 60세 이상임을 증명해야 하는데 농촌 지역 노인들은 자신의 나이에 무감각한 편이라 나이를 제대로 세지 못하는 경우도 많았다. 결국 노인들의 연금 수급 여부를 결정하는 나이를 판정하는 일은 현장에 있는 의사와 관료의 자의적 판단에 따라 결정됐다. 굽타는 그러한 '자의성의 생산(the production of arbitrariness)'이 국가 관료제의 핵심이라고 보았다. 정보에 접근하기 힘든 시민들은 연금제도가 이렇게 자의적으로 운영된다는 사실을 잘 몰랐기 때문에 빈곤을 '피할 수 없는 운명' 같은 것으로 인식하며 체념했다. 또 관련 사실을 알더라도 불만을 이야기했다가 불이익을 당할 것을 우려해 항의하지 않았다. 운 좋게 빈곤 프로그램의 수혜라도 한번 받으면 국가의 시책을 긍정적으로 평가하기에 이른다. 빈민들은 복지수당을 받을 수 없게 만든 사람이 누구인지, 어떤 이유로 배제됐는지 알 수 없는 동시에 항의조차 할 수 없는 상황에 놓여 있었다.

시간 통제 역시 관료제를 운영하는 중요한 통치 원리다.[7] 특히 시간 통제는 고객(또는 환자)과 관계를 설정하는 핵심 통치 원리로 활용된다. 환자의 가족 또는 구급대원이 병원에 계속 전화를 해도 병원 측 안내원은 "현재 자리가 없다"고 무심하게 대응한다. "자리가 없다"는 말을 들을 것을 알면서도 반복적으로 전화를 함으로써 환자와 환자의 가족은 환자의 건강을 결정하는 권한이 의료진에게 존재한다는 사실을 인식하며, 그들의 요구에 복종해야 한다는 원칙을 체감하게 된다. 의료 현장에서는 다양한 환자를 자체의 원칙에 따라 목록화하여 어떠한 환자를 선택할지 (그리고 뒤로 미룰지) 선별한다. 그 시간 동안 병세가 악화되고 죽음의 문턱에 이르더라도 대부분은 그저 병원의 처분을 기다릴 수밖에 없다. 체계를 지탱하는 무심함은 언제든지 무자비함으로 변모할 수 있다.

거절이 반복되고 치료를 받기 위한 수속이 한도 끝도 없이 지연되면 환자는 자신의 시간을 스스로 통제하고 계획할 수 없게 된다. 관료주의적 행정절차는 미래를 예측할 수 없도록(불확실한 전망을 갖도록) 만든다.[8] 또한 지나치게 긴 시간을 요구하는 행정절차에 굴복하거나 아예 그 과정 자체를 포기하게 만들어버린다.[9] 결국 환자와 환자의 가족은 제때 적합한 치료를 받을 수 없는 구조를 탓하기보다 '그저 운명이었나 보다'라며 체념하기에 이른다. 그러한 개개인의 경험이 축적되면 무심함은 사회 전반의 정서와 감정으로 확산하게 된다.

익명의 돌봄 체계와 생략된 애도

"PCR 검사 결과 나왔는데, 나랑 아빠는 양성이라네…….
어떻게 하지?"

오후 두 시 무렵, 언니가 울음 섞인 목소리로 전화를 걸어왔다. 코로나19 확진이었다. 다행스러운 것은 뇌경색으로 의심되는 증상이 더 심해지지는 않으셨다고 했다. 코로나19 확진자라는 진단을 받자 무심함으로 대응하던 시스템에서 드디어 아버지에게 관심을 보이기 시작했다. 보건소에서는 고위험군에 속한 아버지가 서울시에서 운영하는 코로나19 전담병원에 입원하도록 병상을 확보해주겠다고 했다. 나는 당연히 아버지를 입원시키는 편이 나을 거라고 생각했다. 의료 체계에 진입조차 하지 못해 발을 동동 구르던 지난밤의 시간을 다시는 겪고 싶지 않았기 때문이다.

그렇지만 언니는 주저했다. 어머니뿐 아니라 아버지 본인도 병원에 들어가는 것을 두려워하신다고 했다. 언니는 코로나19 전담병원에 입원하는 일이 응급실에 입원하는 것과는 차원이 다르다고 생각했다. 응급실에 입원하면 환자 상태를 그나마 수시로 확인할 수 있고, 어떤 의료적 조치를 받을지 의료진과 상의할 수 있는데 코로나19 전담병원 입원은 달랐다. 가족이 개입할 수 없고 환자 혼자 외롭게 있어야 했다. 그 생각을 하니 엄두가 나지 않는다고 했다.

실제로 고(故) 최광윤 씨 사례는 코로나19 환자라는 이유만으로 그가 어떠한 죽음을 맞이할 수밖에 없었는지를 잘 보여준다.10 최광윤 씨는 서울에 계신 부모님을 찾아뵈었다가 양성 판정을 받았다. 기저질환이 없고 술이나 담배도 하지 않았기 때문에 금방 이겨낼 거라고 믿었다. 그러나 최광윤 씨의 상태는 급격하게 나빠졌고 일주일 만에 큰 병원으로 이송됐다. 임종을 준비하라는 말에 온 가족이 병원으로 향했지만, 허락된 가족만 개인 보호구를 착용한 뒤 그의 마지막을 지켜볼 수 있었다. 그마저도 격리 병실의 창을 사이에 둔 채였다. 화장장에서도 가족들은 최광윤 씨의 곁을 지킬 수 없었다. 방호복을 입은 이들이 소독을 하며 관을 운구하는 장면만 멀리서 지켜볼 따름이었다. 일반 사망자들의 화장을 모두 마친 늦은 저녁에야 코로나19로 사망한 아버지의 장례가 치러졌다. 며칠 사이 뼛가루가 되어 돌아온 아버지에게 딸 미림 씨는 그제야 "사랑한다"는 말을 들려줄 수 있었다.

우리나라 정부는 2020년 2월 대구지역을 중심으로 코로나19 전파자가 급격하게 증가하자 코로나19 감염 사망자의 경우 먼저 화장을 진행하고 이후에 장례를 진행하는 지침을 긴급 선포했다. 이 지침에 따라 코로나19 감염 사망자는 비닐백과 시신 백에 이중으로 밀봉된 다음에야 병실에서 나올 수 있었다. 방역 당국의 '선(先) 화장, 후(後) 장례' 지침에 따라 망자에게 염을 하거나 수의를 입히는 등의 일반적인 장례 절차가 모두 생략됐다.

장례 절차는 생물학적 죽음으로 인해 한 사람의 생이 종결되는 것은 아니라는 믿음에 근간한다. 죽음으로 그의 존재 양식은 변했지만 살아 있는 사람들과 다른 방식으로 연결되어 있음을 확인하고 그럼으로써 그의 이름에 새로운 생명력을 불어넣는 과정이 장례, 즉 죽음 의례다. 장례는 애도의 첫 번째 관문이다. 하지만 코로나19 감염 사망자에 대한 정부의 초기 대응은 애도할 시간 따위는 보장하지 않았다. 고인의 죽음 이후의 생에 대한 배려가 전혀 이루어지지 않았던 것이다. '코로나19 감염 사망자'는 오로지 코로나19 바이러스에 감염되어 있고, 바이러스를 다른 사람에게 전파할 가능성이 있는 '오염된 신체'로만 취급됐다. 그들은 우리 사회를 구성하는 한 명의 성원으로 제대로 존중받지 못했다.

　　의료인류학자 리사 스티븐슨(Lisa Stevenson)의 연구는 '익명적 돌봄'의 폭력성을 잘 보여준다.[11] 1946년부터 1960년대 초까지 캐나다 정부는 인도주의적 목적 및 감염병 통제를 이유로 결핵에 걸린 이누이트인을 캐나다 남부 지역의 결핵 요양병원에 수용했다. 당시 이누이트인들은 대부분 캐나다 북쪽 지방에 거주했는데 결핵에 걸린 게 알려지면 환자 당사자나 가족이 원하지 않더라도(마치 한센병 환자들이 소록도에 격리되듯이) 그들의 집에서 너무나 멀리 떨어져 있는 남쪽의 요양병원에 무조건 수용되어야 했다.

　　캐나다 출신의 의료진은 이누이트어를 할 줄 몰랐기 때문에 이누이트 환자들과 제대로 된 의사소통을 할 수 없었다. 또한, 당시의 의료진과 식민 정부는 이누이트인에게 이름을 묻는 대신 '식별 번호'만을 부여했다. 병원에서 사망한 이누이트

환자들 가운데 상당수는 신원 확인도 하지 못한 채 남부의 공동묘지에 묻혔다. 당시의 식민 정부는 이누이트 문화에서 '이름'이 갖는 소중함을 전혀 고려하지 않았다. 이누이트인에게 이름은 단순히 그가 누구인지를 보여주는 표식이 아니라 속해 있는 씨족의 역사와 조상들과의 관계를 뜻했다. 또한 이름은 죽음 이후에도 여전히 이어질 다음 세대와의 연결고리를 의미했다. 하지만, 캐나다 식민 정부는 이누이트인이 이름에 부여하는 가치에 무심함으로 대응했다. 식민 정부에게 이누이트인은 북극 지역에 영향력을 행사하기 위해 관리해야 할 집단이자 공중보건 조치를 필요로 하는 익명의 대상에 불과했다. 리사 스티븐슨의 연구는 돌봄을 표방하는 보건의료 체계가 다른 한편으로는 어떻게 익명적 죽음을 생산하는 도구로 작동하는지 그 양면적 속성을 여실히 보여준다.

기다림의 두 얼굴

고민 끝에 아버지는 결국 코로나19 전담병원에 들어가 치료를 받기로 했다. 시립 병원 간호사와 통화를 한 언니는 이야기를 나눠보니 간호사실에 전화하면 응답도 바로 해주고,

주치의에게 전화로 아버지 상태를 문의할 수 있게 운영된다고 하니 안심할 수 있을 것 같다고 했다. 게다가 그 병원에는 신경외과도 있어서 뇌경색 진료도 받을 수 있었다. 결국 아버지는 그날 저녁 어머니가 끓여주신 죽을 드신 뒤 병원에 들어가셨다. 나중에 들은 이야기지만, 어머니는 아버지가 병원에 가시고도 한참을 우셨다고 했다.

다음 날 아버지는 병원에서 여러 검사를 받았다. 검사 결과나 요청 사항, 궁금한 점 등은 주치의와 직접 이야기를 나누면 된다고 했다. 언니는 곧 가족 단톡방에 주치의 선생님이 친절하고 자세하게 잘 설명해주신다며 만족감을 표했다. 주치의에 따르면, 아버지의 건강 상태는 좋아지고 있었다. 간수치를 확인하며 렘데시비르•를 투여하고 있고, 폐CT 촬영 결과 폐렴 소견이 있지만 특별히 이상한 점은 없다고도 했다. 신경과 전문의와도 아버지의 상태를 체크했는데 뇌압이 높지 않고 구토나 두통 증상이 이어지지 않아서 뇌신경 상태에 이상이 있다고 보기는 어렵다고 덧붙였다.

아버지의 상황이 좋아지신 탓도 있었지만, 어쨌든 의료

• 코로나19 치료제, 원래는 에볼라 바이러스를 치료하기 위해 만들어진 항바이러스제다.

체계 안으로 마침내 진입했다는 사실 자체에서 나 역시 안정을 되찾았다. 의료 체계에 진입한다는 것은 단순히 의료를 소비하고 구매하는 소비자의 지위를 보장받는 것이라기보다는 한 사람의 시민으로 살아가는 데 필요한 인정과 돌봄을 받는다는 것을 의미한다는 사실을 새삼 깨달을 수 있었다. 영국의 국립의료제도(National Health System, NHS)에서 기다림의 의미를 연구한 인류학자 소피 데이(Sophie Day)의 이야기가 그 어느 때보다 절절하게 다가왔던 경험이기도 했다. 데이에 따르면, 기다림은 단순히 환대나 서비스를 거부당하는 것 이상의 문제다.

제2차 세계대전 중에 고안된 영국의 국립의료제도는 2012년 런던 올림픽 개막식에서 영국인들의 연대 정신의 핵심을 보여주는 상징으로 소개되기도 할 만큼 영국인들의 크나큰 자랑거리다. NHS 제도의 기본 이념은 누구나 치료비 걱정 없이 필요한 의료 서비스를 받을 수 있어야 한다는 것이다. 하지만 누구도 차별받거나 배제되는 일이 없이 의료 자원을 이용하기 위해서는 기다림이라는 대가를 치러야 했다. 결국 구급차로 실려 온 환자가 병원에서 10시간 넘게 대기하다가 결국 수술이 취소되기도 하고, 이동식 침상이 없다는 이유로 구급차에서 몇 시간을 기다리기도 하는, 일명 "NHS 사태

(NHS Crisis)"가 벌어졌다.12

　　그렇다면 기다림은 시장 메커니즘을 도입해서라도 무조건 수정되어야 할 폐해에 불과한가? 소피 데이는 이러한 질문에서 시작해 의료 시스템에서 기다림이 갖는 의미를 연구했다. 데이는 기다림을 "일종의 물적인 점유, 낯선 사람들과 맺는 사회적 관계, 그리고 공공이 규정하는 돌봄을 인정하는 일 등이 교차하는 과정"이라고 정의했다.13

　　환자는 의료진의 반응과 주의를 끌어내기 위해 병원에 자신의 아픈 몸을 노출시키며 공간을 점유한다. 하지만 그 공간에는 자신뿐 아니라 자신과 마찬가지로 순서를 기다리는 다른 많은 낯선 이들이 존재한다. 또한 환자가 되어가는 과정에서 (아버지의 사례에서처럼) 소방대원, 보건소 직원, 간호사, 의사 등 다양한 사람과 느슨한 사회적 관계를 맺는다. 관료화된 의료 시스템의 다소 무심하면서도 완고해 보이는 원칙을 지키며 자신의 차례를 기다리면 결국에는 모두가 공정한 절차에 따라 의료 자원에 접근할 권리를 보장받는다. 이런 의미에서 기다림은 한편으로는 시스템이 허용할 때까지 입장이 억제되고 보류되는 경험이기도 하지만, 자신의 차례를 묵묵히 기다리는 다른 사람들과 함께 기다림이라는 사회적 가치를 구현하는 실천이기도 하다. 그날 밤, 우리는 걱정에 휩싸여 아버지의 상태를 호소하는 나의 전화에 성심성의껏 응답해줬던 선생님들과 전화 건너편에서 상황을 설명해주던 소방대원과 보건소 직원, 그리고 언니를 안심시켰던 간호사와 의사 선생님들과의 느슨한 연결을 통해 환자를 익명화된 존재로 만들고 처리하려는 관료제 속에서 아버지의 존재를 각인시킬 수 있었다. 그러한 노력과 사소한 투쟁의 결과 아버지는 가까스로 의료 체계에 진입할 수 있었다. 일주일 뒤, 아버지는 무사히 퇴원하셨다.

"나는 당연히 병원에 가는 걸 원칙으로 생각하고 있었지. 집에 있는 것보다 병원에 가는 게 바람이었어. 그리고 정말 좋았어. 그 큰 방에 사람 셋씩 격리해놓고. 나가지 못하게 해도 좋더라고. 네가 매일같이 전화도 해주고 좋았지. 하루에 한 번씩은 전화했어. 두 번씩 했던가. 아무튼 호강받았지. 화장실도 방마다 있었어. 아주 크고 위생적이었지. 다만 상황실에서 나를 늘 지켜보는지 내가 운동이라도 한다고 침대 주변에서 걸으면 바로 '왜 움직이시느냐'고 방송이 나와. 옆 침대 사람하고 뭐라도 이야기를 하면 딱 내 이름을 불러. 옆 사람이랑 뭔 말을 그렇게 하느냐고. 대화 줄이라고. 그게 그렇게 엄해. 시스템도 잘 되어 있더라고. 먹는 것은 아주 끼니마다 다른 게 나와. 국도 그렇고

바나나부터 쫙 있어. 그런데 입맛이 없으니까 다 못 먹었지. 그런데 (음식을) 남겨도 일절 밖으로 유출되면 안 된다고 통에다다 버리게 하는데 그 통이 그렇게 비싼 통이랴. 뭐 버리려면 다거기다 집어넣고 밟아야 해. 요양보호사들이 그러는데 그 통이 아주 비싼 통이라고 꽉꽉 담으래. 방송사에서도 녹화하러많이 왔어. 여러 번 찍었어. 우리가 코로나 환자니까 카메라도포장을 다 하고 가슴까지 덮는 옷을 입고 인터뷰를 하더라고.그때 한참 환자들 많이 나올 때니까. 안 걸린 사람들이 행복한거지. 촬영하는 거야 뭐 기분 나쁜 건 없지. 그러려니 하는 거지. 시키는 대로 다 했지."

퇴원 이후, 아버지에게 코로나19 전담 병실에서의 생활을물었다. 아버지는 연신 "좋았다", "호강받았다"며 만족해하셨다. 아버지는 매끼 새로운 식사와 큰 병동, 깨끗하고 넓은 화장실, 트럼프 대통령이 맞았다던 주사제를 제공받았다는 사실에 감격스러워 하셨다. 이러한 아버지의 감격 이면에는 의료체계로의 진입이 불가능했던 그날 밤의 기다림도 영향을 주었을 것이다. 늘 누군가가 지켜보며 행동을 제약한다거나 촬영을 하는 등의 행위 역시 온전한 의미에서 보살핌이라 할 수없음에도 아버지는 그런 상황을 모두 "그러려니" 하며 받아들였다. 코로나19 감염자를 치료와 보호를 받아야 할 대상으로 보는 게 아니라 다른 사람에게 폐를 끼치는 잠재적 죄인으로 바라보는 사회의 시선으로 아버지는 자신을 응시하고 있었다. 이처럼 기다림은 "시민과 순응적 주체를 오가는 과정"이다.[14] 기다림은 국가가 제공하는 보편적 의료 서비스를 받을 권리를 누리기 위해 '시민'으로서 거쳐야 할 절차다. 하지만 다른 관점에서 보면, 관료주의적 무심함으로 무장한 구조의 처분을 무력하게 기다릴 수밖에 없는 '순응적 주체'가 되는 과정이다. 즉, 기다림은 그 자체로 시민으로서의 권리 향유와 순응이라는 양극을 모두 포함한다.

무심함과 기다림의 사회적 가치

아버지의 뇌세포가 시시각각 꺼져가고 있을지도 모른다는 생각에 딱딱해지는 위를 연신 문질러대며 버틸 수밖에 없었던 그날 밤의 시간은 2020년 3월, 코로나19 환자로 의심을 받다가 2020년 3월 18일, 발열 6일 만에 사망한 17살 정유엽 군과 그 가족들이 겪었을 시간으로 나를 이끌었다. 정 군이 처음 발열 증상을 호소하던 3월 11일은 정 군의 거주지와 가까운 대구 지역 확진자가 5794명으로 무섭게 치솟던 시점이었다.[15] 정 군의 부모님은 40도 넘게 열이 나는 정 군을 치료하기 위해 인근 병원을 찾았지만, 코로나19가 의심된다는 이유로 의료적 처치가 가장 절실하게 필요한 시점에 의료 체계로 진입할 수 없었다. 얼마 전, 나는 정 군의 아버지를 찾아뵙고 당시 상황 이야기를 청해 들을 수 있었다. 그날 정 군의 아버지가 들려준 이야기 중 가장 기억에 남는 대목이 있다.

> "열이 나면 2~3일 집에서 지켜보라고 했던 그 말을 그대로 지킨 거예요. 세월호 아이들도 그랬던 거잖아요. '가만히 있어라'라는 말만 믿고 그렇게 기다렸던 거죠."

영국의 의료사회학자 닉 폭스(Nick J. Fox)는 건강을 "물리적으로 건강한 혹은 건강하지 않은 상태가 아닌 행동의 능력과 가능성의 조건"이라고 보았다.[16] 필수 의료를 받기 위해 기약 없는 기다림을 요구받을 때, 설령 기다리더라도 의료 시스템으로의 접근이 가능한 것인지 확신할 수 없는 경험이 축적되면 기다림은 더 나은 상태로 나아가는 데 필요한 행동의 능력과 가능성의 조건을 제약한다. 정 군은 떠났지만, 정 군은 여전히 닫히지 않은 '조건문'으로 우리 곁에 남아 있다. '만일 밤 10시까지 운영하는 선별진료소에서 코로나19 검사를 받아 하루라도 일찍 제대로 된 치료를 시작했더라면……, 초기에 열이 40도가 넘을 당시 제대로 치료해주는 한 명의 의사 선생님이라도 만날 수 있었더라면……, 정 군이 거주하던 지역에 코로나 의심환자여도 응급 치료를 받을 수 있었던 공공병원이 있었더라면……'과 같이 끝도 없이 이어지는 회한 서린 가정으로 말이다.

정 군의 아버지가 힘겨운 시간을 보낼 때 가장 위안이 되었던 말은 5·18 광주 민주화 운동 유가족의 "무조건 견디시라. 살아 있어야 바꾸든지 한다"라는 한마디였다고 한다. 정 군의 아버지는 "그땐 정말 귀찮았었거든요. 피곤해 죽겠는데, 자꾸 찾아오는 것도 싫은 때였거든요. 근데 그때 무조건 견디라고. 버텨야 바꿀 수 있다는 그 목소리가 저한테 남아 있더라고요" 라고 말했다.

정 군의 아버지는 정 군을 떠나보내며 겪었던 그 시간이 다시 반복되지 않기를 바란다고 했다. 제대로 된 공공의료 체계가 구축되도록 힘을 보태는 것이 아들이 본인에게 남기고 간 사명 같다고도 했다. 정 군 아버지의 선택은 어쩌면 기약 없는 기다림을 예비하고 있는 것일지도 모르겠다. 정 군 아버지는 그 기약 없는 시간을 감내하면서도 기다림의 사회적 가치를 회복하기 위한 실천에 힘을 보탤 것이라 다짐했다. 아버지의 시간이기도, 정 군의 시간이기도 했던 그 시간이 언제 어떤 모습으로 우리 각자의 삶에 펼쳐질지 알 수 없다. 하지만 의료 관료주의의 메커니즘 속에 누락된 사람의 목소리를 복원하는 작업을 지속하며 무심함과 기다림의 사회적 가치를 회복시켜 나간다면 그 시간은 분명 우리가 상상하지 못했던 열린 가능성의 모습으로 나타날 것이다.

발과 손으로 다져간
아들의 생명

참사 이후
부모의 일상

김관욱
덕성여자대학교
문화인류학과

참사로 불리지 못한 일상적 참사

참사가 일상으로 들어온 삶이란 어떤 것일까? 나에겐 찰나의 상상마저도 힘에 겨운 일이다. 한국에서 참사라 하면 누군가의 '자녀'가 그 중심에 있는 경우가 많기 때문이다. 두 아이의 아버지로서 그것은 정말 단장(斷腸)의 슬픔이다. 아니 그보다 더 비통할지 모른다. 그래서 누군가 나에게 참사를 정의해달라고 하면 '피할 수 있었던 비통한 죽음'이라 말하고 싶다. 그 어떤 참사도 피할 수 있었고, 그도 아니라면 적어도 피해를 최소화할 수 있었다. 약 10여 년 사이 한국 사회에서 발생한 참사(대표적으로 2011년 8월 31일 밝혀진 가습기 참사, 2014년 4월 16일 세월호 참사, 그리고 2022년 10월 29일 이태원 참사 등)는 모두 '사고'가 아닌 '사건'이었다. 불가항력적인 사고가 아니라 반드시 원인을 규명해야만 하는 사건 말이다. 피해자 다수가 어린 아이에서부터 10대, 20대인 것을 생각하면 벌써 목이 잠겨 온다. 가습기 참사 유가족의 "(가습기 살균제를 샀었던) 손을 잘라버리고 싶은 마음"을 누가 감히 이해할 수 있겠는가?[1]

이러한 참사와 조금은 결이 다른 참사의 희생자도 있다. 2020년 2월 이후 세계적으로 확산된 코로나19 팬데믹 속 사망자들이다. 바이러스의 발생과 확산 자체를 온전히 인재라고 할 수는 없다. 그렇지만 확산 이후의 부실한 대응이 초래한 셀 수 없는 죽음은 다르다.

확산 초기에 발열 증상은 공포와 혐오의 대상으로 내몰리곤 했다. PCR 검사로 순수한 발열인지 오염된 발열인지 여부가 밝혀지기 전에는 그 어떤 진료도 받기 어려웠던 혼란의 시기가 있었다. 오직 '가만히' 집에서 결과를 기다리라는 방역 대책이 지배하던 시기였다. 바로 이 시기에 코로나 감염자로 끝까지 의심받으며 총 14번이나 검사를 받고 격리실에 머물다 발열 6일 만인 2020년 3월 18일, 고등학교 1학년 남학생 정유엽 군이 사망했다.*

2023년 9월 3일 기준 누적 사망자 수만 35,812명에 달하니 통계 수치 속 숫자 하나에 불과할지 모른다. 하지만 정 군은 달랐다. 그는 최종 음성 판정을 받았다. 정 군은 경산 지역에 거주하고 있었다. 경산은 2020년 2월 신천지에서 최초의 대규모 집단감염이 발생하고, 그중 다수의 감염자가 머물던 대구 인근이었다. 그로 인해 아주 당연하게도 정 군은 신천지 일원으로, 집단감염의 일원으로 의심받았다. 당시 정 군의 사망에는 생각보다 많은 함의가 담겨 있었는데, 그는 한국 최초의 10대 코로나 감염 사망자로 기록될 수 있었다. 모두 열네 차례 이어진 검사에는 세계질병학회에 보고할 새로운 변종 바이러스가 검출될 수 있다는 기대도 섞여 있었다.[2] 코로나 양성일 경우 초기 국가 대응의 실패를 주장할 근거가 될 수도, 반대로 코로나 음성일 경우 국가 대응에 이상이 없다는 근거가 될 수도 있는 민감한 정치적 논쟁도 그중 하나였다. 그 얽히고설킨 상황 속에서, 정 군은 방역 대책을 충실히 따르다가 걸어 들어간 병원 응급실에서 일주일도 안 돼 주검으로 화장된 채 부모 곁으로 돌아왔다. 그 단장의 비애는 '불운한 사고의 희생자' 정도로 부모의 가슴속에 묻혀버렸다.

- 정 군이 안타까운 사망에 이르게 된 이유는 2021년 3월 2일 방영된 〈KBS 굿모닝 대한민국 라이브〉 "코로나19 검사만 13번, 정유엽 군은 왜 사망했을까?"라는 제목의 영상에서 자세하게 다뤘다. 정 군은 영상 제목처럼 코로나19 검사만 13번 시행(초기 선별진료소 검사까지 포함할 경우 14번)했지만, 2020년 3월 19일 최종적으로 코로나19 음성 판정을 받았다. 당시 발열 환자는 코로나19 검사를 통해 결과가 나오기 전까지 병원 '안'에서 치료받을 수 없었다. 영상은 이러한 어수선한 상황 속에서 어떻게 건강했던 한 고등학교 남학생이 폐렴으로 갑작스레 사망했는지를 추적한다. 방송이 분석한 첫 번째 위기의 시그널은 '선별진료소', 두 번째 시그널은 '병원의 진료 거부', 세 번째 시그널은 '13번의 검사'였다. 이 세 번의 위기 징후가 결국 정 군의 사망을 막지 못한 원인으로 지목되었다.

참사의 부모들이 모두 모인 정 군의 3주기 추모제

2023년 3월 18일 토요일 오후 2시 경산의 어느 회관에서 정 군의 사망을 추모하는 토크 콘서트가 열렸다.[3] 나 역시 서울에서 서둘러 출발해 정 군의 아버지와 함께 장소로 이동했다. 정 군의 부모님과 연락을 주고받은 지 벌써 2년이란 시간이 흘렀다는 게 믿기지 않았다. 오랜만에 찾아가는 경산이 반갑기도 또 먹먹하기도 했다. 이날 행사에는 정 군 아버지와 이태원 참사 유가족 아버지, 그리고 대구에서 오랜 기간 참사의 한복판•에 있었던 의사가 참여하여 한국 사회의 참사 전반에 관해 이야기를 나누었다. 세월호 참사 유가족 어머니 또한 영상 메시지를 통해 추모의 말을 전했다.

추모제가 열린 회관 한쪽에는 정 군의 어머니와 친구분들이 만든 도자기 작품과 꽃이 놓여 있었다. 그 곁에는 "코로나19 의료 공백으로 돌아가신 모든 분들을 추모합니다", "세월호 참사로 돌아가신 모든 분들을 추모합니다", "10·29 이태원 참사로 돌아가신 모든 분들을 추모합니다"라는 글귀가 크

• 1995년 4월 28일 대구 상인동 가스 폭발(101명 사망), 2003년 2월 18일 대구 지하철 화재(192명 사망), 2022년 2월 대구 코로나 집단 감염 등.

게 적힌 플래카드가 걸려 있었다. 이 짧은 기간 동안 추모해야 할 사람이 이렇게나 많은 사회에서 허망하게 자식을 잃은 부모들이 어떻게 살아 왔을지 가늠이 되지 않았다. 나는 객석에서 조용히 유가족의 이야기를 듣고 기록하는 데 집중하려 노력했다. 그렇게라도 하지 않으면 어느새 눈물을 주체할 수 없을 것 같았기 때문이다.

이태원 참사 유가족 아버님은 딸이 핼러윈 축제날 이태원에서 아르바이트를 하는 친구를 만나러 갔다가 참변을 당했다고 했다. 그리고 143일째가 되던 추모제 당일까지 어떤 수사나 처벌도 없는 상황이었다. 그 이야기를 옆에서 듣던 정 군의 아버지도 침통한 표정을 지었다. 정 군의 아버지는 조심스레 아들 이야기를 꺼냈다. 사회의 무시와 무관심, 유가족을 향한 2차 가해로 자주 자책감이 들었다고 했다. 자신과 아내에 관한 터무니없는 소문과 비난에 힘들어했던 시간들을 통과해 여기까지 왔다고 말이다. 그래서일까. 코로나19 의료 공백으로 사망한 이들 중 아직까지 진상규명과 후속대책을 요구하는 유가족은 정 군의 부모를 제외하곤 찾아보기 힘들다.

무대에서의 이야기가 끝나갈 무렵 나에게도 마이크가 돌아왔다. 내가 아들의 사망 1주기에 맞춰 정 군의 아버지가 2021년 2월 22일부터 3월 17일까지 시행한 24일간의 도보행진에 관한 논문을 발표했기 때문이었다. 사회자가 미리 언질을 주어 기다리고 있었지만 마이크를 잡는 그 순간까지 무슨 말을 해야 할지 막막했다. 나는 가장 먼저 무관심 속에서 휘발되어 버릴 유가족의 참사 속 일상을 학자로서 기록해야 했음을 전달했다. 왜 유가족이 그 먼 거리를 걸어야만 했는지를 말이다. 이어서 그 현장의 기록을 통해 내가 발견한 가치를 담담히 이야기했다. "만약 태초에 종교의 시작이라는 것이 있었다면, 그 긴 도보행진의 거리 위에서 아버님과 시민들이 함께 했던 장면과 같지 않았을까 합니다." 이 글은 당시 짧게 매듭지었던 내 발언을 부연하기 위한 시도일지도 모른다. 나에게 도보행진은 말 그대로 타인의 죽음과 아픔에 공감하려는 이들이 만들어낸 숭고한 장면이었다.

잊히지 않으려 마지막으로 선택한 도보행진

내가 정 군과 정 군 아버지(이하 J씨)를 처음 알게 된 건 뉴스를 통해서였다. 정 군의 사망에 의문을 제기하는 동시에 아버지 J씨가 도보행진을 하기로 했다는 내용이 포함된 뉴스였다. 유독 정 군과 아버지 J씨의 사연이 내 이목을 끈 이유는 정 군의 안타까운 사연 때문이기도 했지만, 무엇보다 대장암 수술에 이어 항암치료를 받은 지 얼마 안 된 J씨가 24일간 375.4킬로미터의 거리를 걷기로 결정했다는 데 있었다. 나는 그 이유가 궁금했다. 그리고 그 의미가 사람들의 기억 속에서 잊히기 전에 반드시 기록해두어야겠다는 생각이 동시에 밀려왔다.

J씨는 정 군의 죽음 직후, 세상이 아들의 죽음을 잊지 않게 하기 위해, 그 죽음의 의미를 정확히 규명하기 위해 일상이 없을 만큼 온 지역을 뛰어 다녔다. 병원 관계자, 공무원, 정치인, 변호사, 의료인, 기자 들을 만났다. 그해 연말 정 군의 부모는 한 언론사가 꼽은 '2020 올해의 인물'로 기록됐다.[4] 그렇지만 세상은 변하지 않았다. 정 군과 정 군의 부모를 기억하는 사람의 수도 점점 줄었다. 어찌 보면 당연한 수순이었다. 그렇게 마냥 세상의 응답을 '기다리게' 만드는 것이 정치권력의 주된 작동 방식이기 때문이다. 약자가 할 수 있는 유일한 무기는 '기다림'뿐일 때가 많다. 사회학자 하비에르 아우예로(Javier Auyero)는 아르헨티나 빈민들이 복지 혜택을 받기 위해 어떻게 기다림 속에 순종을 학습해나가는지를 설명했다. 아우예로는 정치적 복종이 재생산되는 '시간의 경과'에 주목했다.[5] 참사를 대하는 국가의 무응답과 무시는 사실은 '아무 것도 하지 않음'으로써 무언가를 '하고 있는 것'과 같다. 유가족과 피해자

들이 기다림에 지쳐 복종하도록 말이다.

　J씨의 경우도 예외는 아니었다. 아들이 떠난 그해 겨울 J씨는 남몰래 술을 마시는 횟수가 늘었다. 개인이 할 수 있는 모든 것을 했음에도 정작 아무 것도 바꿀 수 없다는 현실이 막막한 상태였다. 그런 그에게 남은 마지막 선택지는 자신의 몸으로 할 수 있는 것, 단식 혹은 도보행진뿐이었다. J씨는 예전에 다른 사람들이 자기 뜻을 알리기 위해 단식을 하거나 도보행진을 했다는 기사를 접할 때마다 이해할 수 없었다. 하지만 겪어보니 개인이 할 수 있는 일이란 그것밖에 없다는 사실을 깨달았다. 한국 사회에서 개인이 꺼져가는 관심의 불꽃을 되살릴 방법은, 다시금 언론의 주목을 받을 방법은 이것뿐이었다. 그러나 J씨는 암 환자였다. 주변에서 단식만은 말렸다. 물론 도보행진 역시 위험하긴 마찬가지였다. 그러나 자신과 죽은 아들의 억울함과 분노를 '알릴' 수만 있다면 어떤 것도 희생할 각오가 되어 있었다. J씨는 나와 세 번째 만났을 때 이렇게 말했다. "사실 난 천안, 수원쯤 가다가 쓰러질 거라고 생각했어요. 그리고 이제야 하는 말이지만, 정말 죽을 생각까지도 했고요." 실제로 J씨는 대장암 수술과 항암치료 직후 떠난 해외여행에서 100미터도 걷지 못할 정도로 상태가 좋지 않았다. 그럼에도 아들의 억울한 죽음을 '알리기 위해서', 또 아무

런 답변이 없는 정부에 '정말로 열이 받아서' 도보행진을 결심했다.

그렇게 행진이 시작됐다. 총 24일 동안 경산 지역병원에서 서울 청와대 사랑채를 목표로 375.4킬로미터를 걸었다. 오전 10시부터 오후 4시까지 하루에 16~18킬로미터를 걸어야 했다. 금세 발에 물집이 생겼다. 심한 어깨 통증으로 일주일간은 진통제에 의지해 걸었다. 그 길이 외롭지만은 않았다. 지나가는 시민들의 응원, 주말마다 멀리서 찾아와 함께 걸어준 이들, 해고 노동자들의 참여 등 여러 사람의 지지가 있었다. 요구르트를 한가득 가지고 와서 '힘내라'며 건네준 요구르트 판매원도 있었다. 멀리 포항에서 소식을 듣고 온 어느 운동선수는 '더 일찍 오지 못해 미안하다'며 하루를 함께 걷고 내려갔다. 마지막 날 서울의 LG트윈타워 앞을 지날 때 해직된 청소 노동자들이 일렬로 서서 박수로 응원해준 것은 두고두고 기억에 남는 장면이다. 그 모든 과정에서 J씨를 특히 가슴 아프게 한 이야기가 있었다. 도보 중간에 참여한 해고 노동자의 지인이 지방의 종합병원에서 정 군처럼 발열로 진료 거부를 당해 안타깝게 사망했다는 이야기였다. 그 환자의 유가족은 J씨처럼 앞에 나서지 못했지만 아프지 않았던 것은 아니다. J씨는 침묵 속에 아파하는 비슷한 처지의 가족들을 생각하며 '여기서 나마저 무너지면, 버티지 않으면, 다른 피해자들이 말할 통로가 사라진다'고 생각했다.

도보행진을 하며 J씨는 공공의료의 필요성을 강조했다. J씨가 생각하는 '공공(public)'이란 '주변과 더불어 사는 것'이다. 피할 수 있었던 비통한 죽음의 희생자가 더 이상 나오지 않도록 더불어 살자는 그의 생각은 도보행진을 했던 길 위에서 시민들과 함께 쌓아올린 체험의 결과였다. 행진 4일 차가 됐을 때 J씨는 처음으로 행진을 돕던 조직위원회의 내부 메신저 대화방에 자신의 심경을 글로 적어 올렸다.

"한 발씩 내디딜 때마다 지금 왜 도로 위를 밟고 있는지 자문해봅니다. '세상의 이목 저편에서 소소하게 삶을 영위하고자 했던 소극적인 자세에서 벗어나 사회공동체 궤도에 보조를 맞추고 있음에 약간의 전율이 느껴지는 것은 순응일까? 아니면 지금 행보에 대한 저항일까? 지금은 어느 것이든 문제가 되지 않는다.' 왜냐하면 분명하게 이루어내고 지켜내야 할 대상과 명분이 있기 때문입니다. 죽은 아들은 나의 아들이기도 하지만 사회의 건전한 개선을 위해 재탄생된 민중의 아들이기도 한 것입니다. 아직은 어느 분인지 어떤 분들인지 자세하게 알지 못하지만, 마음을 나누고 한뜻으로 움직여주시는 가족이라는 의미가 가슴에 새겨집니다. 지금의 발걸음에 희망과 정의라는 인주를 묻혀 디디는 곳곳에 물들여갔으면 합니다. 모든 분들께 감사드리고 우리 사회가 한 걸음 더 성장하는 계기가 되기를 바랍니다."

그의 행진은 단순한 물리적 걷기를 넘어서는 일종의 의례였다. 모두의 염원을 담은 '희망과 정의'의 인주를 새기는 의례 말이다. 그의 발이 지나간 자리마다, 또 그와 함께한 시민들이 걸은 자리마다 '더불어 산다'의 의미가 새겨지는 것이었다. 그 과정에서 J씨는 전율을 느꼈다. 나는 그의 표현을 들었을 때 문득 사회학자 에밀 뒤르켐(Emil Durkheim)이 지적했던 사회적 전류(일명 "집합적 열광")*6가 떠올랐다. 사람이 모였을 때 발생하는 그 전류는 사회를, 단순히 개인의 총합이 아니라 그 이상의 무엇이게끔 만든다. 뒤르켐은 이 전류가 종교를 가능하

• 프랑스 사회학자 에밀 뒤르켐은 《종교생활의 원초적 형태》에서 '창조'와 '활력'을 생성하는 군중의 '집합적 열광(collective effervescence)'을 소개했다. 김종엽(1998:281)은 뒤르켐이 19세기 말 서구의 자살 현상에서 관찰되었던 '병적 열광(morbid effervescence)'의 대응으로서 '집합적 열광'에 기반한 연대의 필요성을 강조했음을 지적한다. 이때 김종엽은 이 '집합적 열광'을 가능하게 하는 "본질적인 것은 사람들이 모인다는 것이며, 감정이 공동으로 체험되고 공동의 행동 속에서 표현된다는 것"이라 강조한다(bid 301).

게 하는 가장 중요한 바탕이자 원동력이라 강조했다. 그래서일까. J씨의 도보행진이 단순히 개인적 의례 정도로 느껴지지 않았다. 마치 종교가 태동하기 직전, 그 원형의 모습을 엿본 듯했다.

이 도보행진과 비슷한 '집합적 열광'의 가치는 세월호 참사 유가족들과 시민들에게서도 목격된다. 세월호 참사와 관련된 도보행진과 삼보일배는 유가족과 생존자뿐만 아니라 익명의 시민들에까지 '열린' 의례였다. 걷기의 시작과 끝이었던 안산합동분향소, 서울시청 앞 합동분향소, 진도 팽목항, 광화문 광장을 연결하는 도로는 익명의 시민들이 이용하는 통행로(공적인 공간)이면서 동시에 분향소(의례)의 연장이었다. 그 공간에서 시민들은 유가족과 함께 같은 속도로 걸으며, 같은 곳을 향해 전진했다. 도보행진의 매 걸음마다 서로 다른 물질들이 '뒤엉킨' 움직임은 그동안의 편안하고 안정적인 걷기를 잊게 하고 새로운 메시지를 쏘아준다. 길 위에서 걷는 행동 하나하나가 기도이자 염원이며 위로다. 그렇게 서로가 '정동적 연대(affective connection)'•를 경험하고, 참가자의 몸 자체가 기억의 장소로 탈바꿈한다.

환대의 웃음 그리고 회한

J씨와의 첫 만남은 매우 짧았다. 지인을 통해 J씨가 도보 행진을 끝낸 뒤 일주일 되던 날 서울시청 앞에서 기자회견을 한다는 사실을 전해 듣고 회견장으로 무작정 찾아갔다. 회견이 끝나고 이동하는 그에게 나는 짧은 인사와 함께 명함을 건넨 후 헤어졌다. 명함을 건네고 2주가 지난 어느 날, 나는 경산행 새벽 기차에 몸을 실었다. 경산역에 도착했을 때 J씨는 이미 역 안까지 들어와 기다리고 있었다. 시청 앞에서 만났을 때 느꼈던 긴장된 표정과 조금은 피로에 지친 모습과는 정반대로 활짝 웃는 얼굴로 나를 반겨주었다. 아들을 잃고 24일간 긴 행진을 마친 암 환자라고는 믿기지 않을 만큼 밝은 얼굴이었다. 그 미소와 악수를 건네던 따뜻한 손길이 여전히 생생하다. 그의 안내에 따라 주차된 차 앞에 도착했다. "차가 오래돼서 죄송합니다." J씨는 농담 섞인 말투로 얘기했다. 처음엔 몸

• '정동적 연대'란 공감을 바탕으로 한 이해를 넘어서는 표현이다. 이 표현에는 '함께 있어주기(being together)'를 통해 발생하는 연대의 마음이 포함되어 있다. 시민들이 미디어를 통해 간접적으로 아픔을 체험하고 공유하는 것을 넘어 현장에서 실제로 함께하는 것을 통해 아픔을 직접 경험하고 형성하는 것을 강조하는 것이다.[7]

에 배인 겸손이라 생각했다. 그러나 오래지 않아 그 말 속에 너무나 많은 사연과 회한이 담겨 있음을 알게 됐다.

J씨의 차는 2002년에 제조된 것으로 주행거리가 19만 킬로미터 남짓이었다. 차의 나이는 정 군보다 1살 정도 많았고, 정 군이 태어났을 때부터 마지막 응급실에 실려간 순간까지 가족이 함께 머문 장소였다. 가족이 정 군을 보고 만질 수 있었던 마지막 '장소'가 바로 이 차의 뒷자리였던 것이다. 차는 아들의 유품이었다. 차를 타고 집으로 향하는 동안 J씨는 자주 차가 누추해서 미안하다고 말했다. 나는 얼마 지나지 않아 J씨의 미안한 마음이 나보다 떠난 아들에게 전하고 싶은 것임을 알 수 있었다. J씨는 자신의 차가 이렇게 오래돼서, 처음 지역병원 응급실로 정 군을 데려갔을 때 '무시'당한 것은 아니었을까 하고 넌지시 말했다. "만일 고급 외제차였다면 달랐을까요?" J씨의 말에는 깊은 회한이 묻어 있었다.

두 번째 만난 날, 경산역으로 돌아가는 길에는 나지막이 이런 이야기도 했다. "교수님, 저는 이런 생각도 해봅니다. 제가 만일 욕을 하고 정말 난리를 쳤더라면, 누구처럼 경찰이랑 병원을 뒤집어 놓았다면, 그랬더라면 우리 아들이 살지 않았을까 하고 말입니다. 가끔 그런 후회를 해봅니다." J씨는 아들이 곧 죽을지 모른다는 청천병력 같은 선고를 받은 후, 고열에 숨

쉬기조차 어려워진 정 군을 차 뒷자리에 싣고 경산병원에서 대구의 종합병원으로 이동하는 순간에도 '비상등을 켠 채로 가면 다른 운전자가 좌회전, 우회전 깜빡이를 인식하지 못할까 봐' 신경 썼다고 했다. 그 절박한 순간에도 교통질서를 따지고, 남에게 피해가 갈 것을 걱정하다니. 아들의 죽음 이후 스스로의 '우직함'이 너무나 원망스럽게 느껴졌다. J씨가 지켜온 원칙은 아무 기반도 없이 경산에 내려온 그를 지금껏 지탱해주었으나, 이제는 오히려 그런 것들이 아들을 지켜내지 못한 원흉처럼 여겨졌다.

정 군은 처음 열이 날 때 방역지침을 철저히 따랐다. 의심 증상이 있을 때 무조건 병원을 찾지 말고 3~4일 경과를 지켜보라는 지침이었다. 정 군과 가족은 첫 코로나19 검사 이후 결과가 나오기 전까지 집에서 해열제만 복용하며 정말 '바보처럼' 기다리기만 했다. 정 군의 부모는 신천지 집단감염으로 민감한 시기에 남에게 피해를 끼치기 싫었던 마음에 방역지침을 철저히 따른 대가가 '죽음'으로 이어진 것에 분통이 터졌다. 정 군의 사연을 상세히 다룬 방송 영상에는 이런 댓글이 달렸다. "차라리 저 부모가 진상 짓을 해서라도 계속 소란을 피웠으면 살지 않았을까?", "그러게요. 차라리 진상 짓했으면 조치가 취해졌을 텐데……." 그 말들은 정 군 아버지가 스스로를 자책하며 도돌이표처럼 반복하던 말이었다.

믿었던 사회 규칙의 배신, 믿기지 않는 의료 공백으로 맞은 허망한 죽음. 이것은 분명한 트라우마를 남겼다. 잊고 싶어도 반복해서 재경험되고 원통함을 자아내는 상처 말이다. 정신과 의사 조나단 셰이(Jonathan Shay)는 베트남 전쟁 당시 국가에게 느낀 배신감으로 미군들이 '도덕적 상처'를 입었고, 외상 후 스트레스 장애 같은 실질적인 고통으로 이어졌다고 지적했다.8 정신적 고통에 도덕적 측면이 존재한다는 뜻이다. 사회구성원이라면 반드시 따라야 하는 도덕, 그 기본 원칙을 따른 것 자체가 고통의 원인으로 작동해 트라우마가 된 것이다. 아마도 J씨뿐 아니라 모든 참사의 유가족이 도덕적 상처로 입은 트라우마를 겪고 있을 것이다. 만일 이것이 시민 모두에게 퍼진다면, 그것은 개인의 도덕적 트라우마에 그치지 않고 '문화적 트라우마'로 자리 잡을지 모른다. 미국 사회학자 닐 스멜서(Neil Smelser)는 문화적 트라우마를 "부정적 정동으로 가득한 집단의 기억"으로 정의내리며 이것이 "문화적 예측의 근간 자체를 파괴한다"고 설명한다.9 연이은 참사로 생명과 안전이 위협받는 상황, 수많은 죽음에 누구도 책임지지 않는 사회 분위기, 일부 동료 시민의 무관심과 무시는 모두의 트라우마가 되어 문화의 근간인 도덕마저 뒤흔들지 모른다.

엄마의 손으로 빚은 아들의 얼굴

"교수님, 오늘 가실 때 꼭 꽃병 가져가셔야 합니다."

아버지 J씨와의 첫 만남이 오래된 차로 각인되어 있다면, 어머니 L씨를 뵌 기억은 도자기와 김밥으로 남아 있다. 산업 디자인을 전공하고 미술학원을 운영하던 L씨는 2014년부터 집 근처 성당 앞에서 작은 김밥집을 운영하고 있었다. 덕분에 처음 만날 때부터 지금까지 나는 L씨가 만든 건강한 김밥을 자주 먹을 수 있었다. L씨는 언제나 넘치도록 음식을 대접했다. 그 따뜻한 손길은 직접 만들어 구운 도자기 선물로도 이어졌다. 서울로 돌아가는 길은 항상 도자기와 음식 선물로 양손이 무거웠다. 아무리 다음에 가져가겠다고 정중히 거절해도 언제나 피할 수 없었다. L씨가 어떠한 마음으로 도자기를 빚었는지를 알았기 때문이다. L씨에게 도자기는 안타깝게 떠난 막내아들 정 군을 기리는 마음이자 슬픔을 치유하는 방식이었다.

2023년 정 군의 3주기 추모제에 도자기 작품 여러 점이 전시되었다. 대부분 L씨의 작품이었다. 오랜만에 만난 L씨는 나에게 조금은 격앙된 목소리로 새로운 작품을 소개했다. 정 군의 흉상이었다. 아들의 따뜻한 얼굴 표정이 그대로 느껴지

는 작품이었다. 이전에 내가 선물로 받았던 초기의 작품들과
는 분위기가 전혀 달랐다. L씨는 "도자기 얼굴에 표정이 생겼
어요"라며 기뻐했다.

아들을 잃고 실의에 빠져 있던 L씨에게 도자기 빚기는 치
유의 일환이었다. 2020년 4월 아들을 떠나보내고 얼마 지나
지 않아 L씨는 수녀님의 권유로 참석한 음악회에서 도자기
공방을 운영하는 분을 만났다. 우연히 들른 그의 공방에서 모
자(母子)상을 보게 되었다. 마치 아들과 자신의 모습 같았다.
그때 본 모자상은 지금 정 군의 묘지 앞에 놓여 있다. 그해 가
을부터 공방에 들러 모자상을 만들기 시작했다. 초기 작품
에는 얼굴에 표정이 없었다. 그저 동그랗게 만들었을 뿐이다.
2022년 겨울, 시작한 지 2년이 지난 어느 순간부터 도자기 얼
굴에 표정이 생기기 시작했다.10 그 시간을 견뎌내며 도자기
를 빚었던 L씨의 마음에 이제 조금씩 햇살이 비치는 듯 느껴
졌다.

L씨의 작품은 대부분 모자상이다. 가톨릭 신자인 L씨는
성모 마리아상과 모자상을 형상화한 도자기를 빚어 왔다. 하
지만 L씨가 만든 모자상은 종교적 대상이라기보다 자신과 떠
나보낸 아들의 모습이었다. L씨는 정 군이 코로나 감염자로
끝까지 오인받으면서 격리실에 갇혀 있었기 때문에 응급실 문

을 들어간 순간부터 화장이 되어 되돌아올 때까지 "손 한번 못 잡아주고 눈물 한번 못 닦아주고" 보냈다며 원통해했다. "그 못다 한 모정을 생각하며 흙으로 모자상"을 빚었다. L씨의 마음은 조금씩 자신을 넘어 같은 아픔을 겪고 있을 타인에게까지 이르렀다. L씨는 도자기를 빚은 지 1년이 지났을 때쯤 지역주민을 위한 예술작품 전시회에 모자상을 전시하며 작은 설명을 덧붙였다. "코로나 의료 공백으로 사랑하는 아들을 가슴에 품을 수밖에 없었던 안타까운 사연을 모자상으로 승화시켜 깊고 따스한 모성애를 통해서 이 세상 아픔을 겪고 있는 모든 이들에게 희망과 용기를 나누고자 합니다." 그렇게 자신의 마음을 치유하기 위해 시작한 모자상 빚기는 이제 오직 L씨만을 위한 것이 아니었다.

언젠가 L씨에게 가장 기억에 남는 작품이 무엇인지 물은 적이 있다. L씨는 벌떡 일어나더니 곧바로 20센티미터 정도 크기의 작품을 들고 왔다. 아이를 잉태한 엄마의 모습을 담은 모자상이었다. 배에 살포시 손을 올린 여성은 따뜻하고 행복한 미소를 짓고 있었다. 처음으로 만든 테라코타(Terracotta)•

• 유약을 바르지 않고 1000℃ 이하로 구운 도자기로 얼굴 표정 등 세밀한 표현이 잘 보존된다는 특징이 있다.

작품이라고 했다. 이 작품에는 작은 사연이 있었다. 공방 전시회에 낼 도자기를 만들다가 작품이 완전히 무너져 내려 어쩌나 고심하던 때, 불현듯 정 군을 임신한 시절이 떠올랐다. 그 가장 행복한 시절을 담아야겠다고 생각하고 다시 도자기를 빚기 시작했다. 눈앞에 놓인 그 결과물은 너무나 평화롭고 따뜻해 보였다. 우연한 기회로 만든 이 작품이 깊은 슬픔에서 한 발짝 벗어나게 해준 계기가 되었다. L씨는 그때부터 아이와 함께한 행복했던 기억들을 표현하기 시작했다.

치유를 위해 예술 작품에 몰입한 경우는 세월호 참사 유가족에게서도 찾아볼 수 있다. 2019년 5월에 개소한 안산시에 위치한 '4·16 희망목공소'가 그것이다.

"희망이라는 게 없잖아요. 자식을 잃고 나니깐. 살 가치를 못 느꼈어요. 목공소(에서 작업하다 보니) 잡념도 잊게 되고 마음의 상처도 잊게 되고. 비록 자식을 잃었지만, 우리가 앞으로 살아나가려면 희망이라는 것이 좀 있어야 되겠다 (생각했습니다). 여기 나무들은 안산 시내에 있는 죽은 가로수들입니다. 이 죽은 나무가 아이를 대신한다고 그럴까요. 작품 하나하나 만드는 데 모든 정성과 마음을 쏟아서 하나의 자식이라고 생각하고 만들고 있죠."[11]

인터뷰 내용에서 볼 수 있듯이 이들은 죽어서 쓸모없어진 나무들을 그러모아 정성껏 다듬어 '새 생명'을 부여하고 있었다. 마치 허망하게 떠나보낸 자녀를 대신하듯이 말이다. 제임스 조지 프레이저(James George Frazer)는 원시종교에 관한 고전으로 알려진 《황금가지》에서, 모든 종교 활동의 기원에는 공통점이 있다고 설명한다. '감염의 법칙'과 '유사성의 법칙'이 그것이다. 전자는 어떤 사람이 접촉했던 인물 혹은 사물에 그 사람의 영혼이 깃들어 있다고 생각하는 것이다. 가장 대표적인 것이 바로 망자의 유품이다. 그리고 후자는 두 개의 동떨어진 인물 혹은 사물이 유사할 경우 하나의 인물 혹은 사물에 특정한 행위를 가했을 때 그 영향력이 다른 것에도 똑같이 전달된다는 믿음이다. 예를 들면, 특정 인물을 닮은 인형에게 바늘을 찌르면 그 인물도 동일한 고통을 느낀다는 믿음 말이다.12 세월호 참사의 유가족이 자녀의 물건을 버리지 못하는 마음이 '감염의 법칙'이라면, 죽은 나무를 떠나보낸 아이와 닮았다고 생각하며 정성을 다해 새로운 작품으로 생명을 불어넣으려는 실천은 내게 마치 '유사성의 법칙'처럼 느껴졌다.

이 모든 과정에서 유가족은 앞으로 살아갈 '희망'을 얻고 있는 것처럼 느껴졌다. 목공예 작업이 단순히 개인적 심리 치유 활동을 넘어 숭고해 보이기까지 했고, 그래서 자꾸만 태초의 종교가 떠올랐다. 죽은 아이들을 위한 경건한 의례적 실천으로서 말이다. 세월호 참사를 오랫동안 연구해온 인류학자 이현정 교수는 사회가 참사 유가족의 '영적 건강을 추구할 권리'를 보장해주어야 한다고 강조한다.13 여기서 말하는 영적 건강이란 '삶의 의미와 목적'이다. 자녀가 죽은 이유조차 제대로 밝혀내지 못한 상황에서, 부모는 살아야 할 의미를 스스로 찾아내기가 매우 어려웠을 것이다. 따라서 이현정 교수의 지적처럼, 결국 그것의 출발은 왜 자신들의 자녀가 그렇게 허망하게 죽음에 이르러야 했는지 그 이유를 듣는 것일 테다. 국가와 사회가 이를 해결해주지 않는 상황에서 유가족이 삶의 의미와 목적을 되찾기 위해 발견한 방법이 바로 예술적 치유 활동이었다. 그것은 L씨가 도자기를 빚으며 견뎌왔던 삶의 여정과 일치한다.

얼마 전 경산에 들렀을 때 L씨는 대뜸 나를 안방으로 데려가더니 가장 최근에 만든 모자상을 보여주었다. 이전에 보았던 전형적인 모자상과 많이 달라 보였다. 엄마는 배를 바닥에 댄 채 편하게 누워 있었고, 어린 아이는 엄마 등에 얼굴과 팔을 기대고 앉아 있었다. L씨는 아이 얼굴을 자세히 들여다보라고 했다. 나는 아이 얼굴이 편안하고 행복해 보여 절로 미소를 짓게 된다고 답했다. L씨는 원하는 답이 그게 아니었다는 표정을 지으며, 그 얼굴이 바로 '교수님의 웃는 얼굴'이라고 했다. 자신이 겪은 내 모습은 항상 천진난만하게 웃는 얼굴이었고, 그 표정을 기억하면서 이 작품을 만들었다는 것이었다. 내가 그의 작품 속 모델이 되다니, J씨와 L씨의 아픈 삶을 기록하고자 찾았던 내가 어느 순간 그들의 일상에서 '더불어 살고' 있었다. 말로 표현하기 힘든 고마움이 밀려 왔다. 내가 그들에게, 그들은 다시 나에게 살아갈 힘이 되어준 것이다. 그렇게 우리는 3주기의 시간을 통과하고 있었다.

비손, 비로소 아들을 떠나보냈던 순간

코로나 시기에 가족을 떠나보내야 했던 유가족들은 공통적인 아픔을 겪었다. 소중한 사람의 마지막 순간을 함께 하지 못한 것이다. 생때같은 가족을 그렇게 허망하게 떠나보내야 했던 기억은 깊은 회한으로 남았다. 정 군의 부모도 마찬가지였다. 마땅한 장례식 한번 제대로 치르지 못했다. 2022년 2월 16일에 수원에서 열린 공연 〈비손(Two hands)〉은 코로나 시기 안타깝게 돌아가신 망자의 혼을 불러 위로하기 위해 마련되었다. 나는 아버지 J씨에게 공연 소식을 전해 들었다. 두 분이 공연 중 무대에 오른다는 말을 듣고 모든 일을 제쳐두고라도 참석해야겠다고 생각했다.

강렬한 음악과 영상을 배경으로 무대에서는 씻김굿과 별신굿이 펼쳐졌다. 관객석 한쪽에서 관람하던 나조차 영적 체험의 순간을 경험하는 듯했고 눈물을 애써 참아내고 있었다. 무대 위에 낯익은 두 분이 모습을 드러냈다. 어머니 L씨가 양손에 들고 온 은박지를 펼쳐 김밥을 내보이며 이렇게 이야기했다.

"아들아, 누가 엄마한테 그러더라. 떠난 자를 많은 사람이 기억해주면 천국엘 간다고, 그래서 너도 천국에 갔을 거고 행복할 거라고. 그러니까 너무 슬퍼하지 말라고. 그런데 아니지? 이봐. 우리 집이 더 좋잖아, 그치? 엄마는 아니라고 생각해. 우리 집이 더 좋지? 응? 병원에서 마지막 날 엄마가 풍선처럼 퉁퉁 부어오른 채 피범벅이 된 네 얼굴을 만져주지 못하고, 네 눈가에 흐르는 눈물을 닦아주지도 못했던 거, 코로나로 오인을 받아서 손 한번 못 잡아주고 눈물 한번 못 닦아주고 그렇게 너를 보낸 거 너무 미안해. 엄마는 요즘 흙으로 모자상 빚고 있어. 엄마처럼 상처받은 사람들이 조금이나마 엄마가 만든 모자상을 보고 용기 얻고 위로받으라고. 맨날 엄마 김밥 장사하느라 네

간식이 김밥만 됐지. 그치? 근데 오늘도 마지막 가는데 너에게 줄 게 김밥 밖에 없어. 그래서 오늘 김밥 가져왔거든. 배고프지 않게 김밥 하나도 남기지 말고 다 먹어. 알았지? 엄마가 마지막 주는 김밥이니까 다 먹어야 한다. 아들아, 지금은 너 혼자 보내지만 엄마 길치인 줄 알지? 나중에 엄마가 너한테 갈 때 꼭 마중 나와야 한다. 알았지? 그리고, 아들아. 우리 집에 함께 있어 줘서 너무 고맙고, 그 추억 잊지 말고 영원히 기억해줬으면 좋겠다. 아버지! 아버지! 우리 아들이 가요! 아들 가니까 그 아이 외롭지 않게 아버지 빨리 좀 마중 나와 주세요."

L씨가 흐느낌 속에 돌아가신 친정아버지를 부르며 아들의 안녕을 빌었을 때 관객은 모두 함께 울었다. 일순간 모두가 L씨의 슬픔에 감전되어 버렸다. 많은 이의 어깨가 요동쳤다. 나도 더 이상 슬픔을 참지 않고 그들과 함께 소리 내 흐느꼈다. 그 순간 모두를 달래주는 듯한 음악이 흘렀다. 그렇게 공연은 막바지에 다다랐다. 비손. 그랬다. 객석을 채운 사람들이 한마음으로 두 손을 모아 떠나간 이들의 평안을 기원했다. 그 자리에 함께한 유가족뿐 아니라 시민들 또한 각자의 크고 작은 아픔을 치유하는 순간이기도 했나.

앞서 얘기했듯 L씨는 가톨릭 신자다. 그곳에 참여한 다른 이들도 씻김굿이나 별신굿 같은 무속 신앙에 익숙하지 않았을 수 있다. 소리로 죽은 영혼을 불러온다는 상상력과 무대 위에서 망자를 달래며 이승의 끈을 정리하고 저승으로 보내준다는 이야기가 말 그대로 '미신'일지 모른다. 하지만 관객들은 공연자가 이끄는 무대에 몰입했고, 이내 정 군의 부모와 공명했다. J씨와 L씨는 그 공연을 통해 비로소 정 군을 하늘나라로 떠나보낼 수 있었다. 종교인류학자 김성례 교수는 무속 신앙의 굿이 지닌 가치를 "치유의 민중적 미학"이라 강조한다.[14] 굿이 만들어낸 사회극을 통해 그 순간만큼은 함께 어우러져 '신성한 공동체'를 형성하고, 현실이 초래한 비극을 재구성하여 새로운 드라마를 만들어 이것을 참가자의 몸에 새겨 넣음으로써 치유를 달성한다는 것이다. 정말로 공연 〈비손〉 현장에서 정 군의 부모님과 나, 공연자와 관객 들은 함께 슬퍼하고 울음을 터트리며 현실에서 불가능했던 지연된 장례식을 함께 치를 수 있었다.

희망을 남기고 싶은 소망

공연을 보고 집으로 돌아오는 길에 나는 어머니 L씨가

전해준 김밥을 먹으며 깊은 생각에 잠겼다. 참사를 일상에서 견뎌야 하는 사람에게 삶의 희망이란 무엇이며, 그것을 어떻게 되살릴 수 있을까? 답은 여전히 구하지 못했고, 그러므로 질문은 현재진행형이다. 아버지의 도보행진도, 어머니의 도자기 빚기도, 그리고 비손 공연도 끝내 가장 중요한 희망의 전제조건, 진상규명을 얻어내진 못했다. 결국 J씨와 L씨는 2023년 1월 16일 진료를 보았던 병원들과 경산시, 그리고 정부를 상대로 손해배상 청구소송을 진행하기에 이르렀다. 이렇게 '삶의 이유를 찾기 위한' 긴 다툼의 여정에 다시금 발을 내디뎠다.

바람이 차갑게 불던 겨울날 소송장 제출을 위한 기자회견 자리가 마련됐다. 함께 하는 것만으로도 얼마나 큰 힘이 되는지를 잘 알고 있었기에 나 또한 정 군의 부모님 곁에 섰다. 기자회견이 끝난 뒤 두 분은 이태원 참사 유가족을 만나러 이동했다. 그 겨울에 만난 이태원 참사의 유가족들이 한창 더위가 시작되는 2023년 6월 20일부터 국회 앞 농성장에서 단식을 시작했다. '10·29 이태원 참사 진상규명 특별법' 제정을 촉구하기 위해서였다. 2014년 7월 14일 세월호 특별법 제정을 외치며 광화문광장에서 단식을 시작했던 세월호 참사 유가족과 같은 길을 걷고 있는 셈이나. 10년이 흘렀음에도 세상은 제자리걸음이었다. 건강은 '살아야 할 목적'이 존재할 때 비로소 가치가 있을 것이다. 영적인 건강이 이미 병들어 있는 상태라면, 심신의 건강이 무슨 의미가 있을까. 그렇게 본다면, 한국사회에는 너무나 많은 이들이 크고 작은 일상의 참사 속에서 삶의 의미를 상실한 채 아픔 속에 살아가고 있는 듯하다.

언젠가 J씨에게 가장 소중한 것을 사진으로 남길 수 있다면 무엇을 찍고 싶은지 물어본 적이 있다. J씨는 잠시 고민하는가 싶더니 '희망'이라고 답했다. "희망을 남기고 싶습니다. 그래서 아이가 환하게 웃는 모습을 보면서 나도 덩달아 웃는 모습을 찍고 싶습니다." L씨 역시 모자상을 전시하며 '희망과 용기'를 전달하고자 했다. 4·16 희망목공소의 아버지들도 '희망'을 새기고자 했다.

그렇다면 희망이란 무엇일까. 그것은 이름표가 붙은 특수한 '감정(emotion)'이 아니다. 답이 정해져 있어 쫓아가면 되는 대상도 아니다. 시험을 만점 받는다고, 명문대에 입학한다고, 대기업에 취직한다고 바로 출력되는 자격증 같은 것도 아니다. 명확하게 이름표를 붙일 순 없으나 반드시 존재하는 어떤 느낌이나 정서, 그것을 학자들은 '정동(affect)'이라 구별 지어 부른다.[15] 의식에 의해 명확히 파악할 수 없고 표현할 수 없는, 그래서 의지로 통제할 수 없는 소위 '의식 이전(pre-conscious)의 느낌' 말이다. 이름표를 붙일 수 있고 여러 사람에게 통용

되는 느낌을 감정이라고 한다면, 정동은 그것의 원재료다.

표현할 수 없는 느낌, 정동의 가치를 나는 정 군의 부모를 통해 너무나 많이 경험했다. 그것은 때론 기쁨과 고마움일 때도 있었고, 깊은 슬픔이기도 했다. 아들의 일생이 묻어 있는 차를 함께 타고 오가며 느끼는 뜻 모를 회한이기도 했다. 그 원재료의 느낌은 여러 상황에서 내게 전염됐다. 아들을 생각하며 한없이 눈이 깊어질 때, 응답하지 않는 국가가 원망스러울 때, 자신들에 관한 모욕적인 소문을 전해 들었을 때 그들의 아픔을 지켜보는 나에게 설명할 수 없는 느낌들이 전달됐다.

오늘날의 일상을 지배하는 정동에는 두 가지가 있다고 한다. 바로 "약속(promise)과 위협(threat)"이다.[16] 이것은 말로 뚜렷하게 설명할 수 없는 느낌이다. 풀어서 설명하자면, 미래에 대한 희망의 정동일 수도 혹은 그 반대일 수도 있다.[17] 즉, 삶에 대한 희망을 품고 살아갈 수 있는 사회적 약속이란 것을 체감하며 살아갈 수도 있는 반면, 그러한 희망을 품을 수 없다는 절망을 체감한 채 살아갈 수도 있다. 일상적 참사를 주기적으로 겪고 보는 우리는 어떠할까. 어느 쪽을 조금 더 체감하며 살아가고 있을까. 많은 이들이 희망까지는 아니지만, 하루하루 소소한 일상에 기뻐하고 감사해며 살아가고 있을지 모른다. 혹은 나와 내 가족만이라도 안전하기를 바라는 마음에 현실에 순응하며 살아가고 있을지도 모른다. 하지만 분명한 것은 그 누구도 일상적 참사와 동떨어진 채로, 또 무언가를 느끼지 않으며 살아갈 수는 없다. 그것을 무엇이라 뚜렷이 설명할 수는 없겠지만, 모두가 희망찬 미래만을 기대하기에는 해결되지 않은 것들이 너무 많다.

정동이라는 개념을 통해 현실을 다루고자 하는 기존 논의들의 핵심은 우리의 일상을 지배하는 일상의 느낌들이 항상 "마주침"의 결과이며, "반드시 관계적"이라는 사실을 강조한다.[18] 그리고 이렇게 형성된 느낌들은 사회에 엄연히 존재하는 "정동적 사실"로서 다분히 개인과 집단의 행동에 영향을 끼칠 수 있다.[19] 그렇기에 모든 마주침은 특정한 정동적 분위기를 형성할 수 있는 '정치적' 행위일 수밖에 없다. 즉, 어떠한 정치적 행동을 하게 만드는 것도, 혹은 정반대로 어떠한 정치적 행동을 하지 못하게 만드는 것 역시 모두 정동을 통한 정치에 해당한다.

얼마 전 J씨가 나에게 새로운 기사를 하나 보내줬다. 지방의 초등학교 6학년 학생이 뇌출혈로 쓰러졌음에도 응급환자를 받아주는 병원을 찾지 못해 치료가 지연됐고 결국 2주 뒤 사망했다는 기사였다. 기사가 나고 열흘이 지난 뒤 J씨는 자신을 도와주었던 조직위원회 분들과 함께 지역의 의료공공성 강화를 위한 기반 확충을 촉구하는 기자회견을 열었다. 누군가에게는 또 하나의 기사일 수 있는 것들이 그와 그 주변에서 3년 동안 정동적 연대를 맺었던 이들에겐 남의 일이 아니었다. 언제가 될지는 모르겠지만, 그들은 끊임없이 또 다른 참사를 막기 위한 구체적 대안을 모색할 것을 사회에 요청하고 있었다.

결국 희망을 얻기 위해서는 우선 서로 마주치며 상호 관계를 형성해야만 한다. 내가 어느 날 뉴스를 통해 정 군의 부모를 마주치지 않았다면, 지금 L씨의 모자상에 나의 얼굴은 담기지 않았을지 모른다. 보다 근본적으로 J씨가 집밖으로 나와 두 발로 세상과 마주하지 않았다면, 나는 영영 그를 만나지 못했을지 모른다. 희망은 도달해야 할 정상이 아닐 것이다. 그것은 J씨가 내게 해준 말처럼 끊임없이 "다져가는" 것일지 모른다. 정 군의 부모가 참사의 일상 속에서 두 발과 두 손으로 잉태했던 희망의 끈처럼 말이다.

우리가
그 시절 잃어버린 것들

애도에
관하여

이기병

한림대학교 의과대학
춘천성심병원

"나는 아직도 레벨 D(Level D) 방호복을 처음 입었을 때의 생경한 감촉과 기분을 잊지 못한다. 누군가가 말해준 것처럼, 그것은 손의 돌봄을 체현하지 못하는 곳에서 손을 연장하여 대신하고자 했으나 영원히 손의 감각을 전달하지 못했다. 환자의 눈을 보려고 착용한 보안경 너머로 우리는 그의 눈을 보았을지 모르나 환자가 우리의 눈을 보았는지는 확신할 수 없었다. 우리는 귀가 노출되지 않는 방호복을 입는 순간 의학의 역사에서 100년 이상 지속해왔던 청진기 사용을 포기해야 했다. 레벨 D는 의료진이 감염원으로부터 보호받으면서 일할 수 있도록 고안되었으나 이것을 입는 동안에는 의료의 실천을 전혀 다른 감각으로 수행해야만 한다는 사실을 간과했다."

– 2021년 7월. 중증 감염 병동에서 쓴 일기 중

통째로 생략된 감각

21세기 기술과 과학의 발전은 우리에게 더 없는 풍요와

번영을 안겨주었지만, 동시에 정체와 기원을 알 수 없는 바이러스의 습격과 그로 인한 생물학적·사회적·경제적 위기로 우리를 내몰았다. 의료계에서도 위기는 다양한 얼굴로 나타났고, 정도의 차이가 있을 뿐 '잠재적 죽음'의 그림자는 격리실과 진료실과 병실과 중환자실에 언제나 도사렸다. 집단 감염을 막아내기 위해 방역 당국은 '사회적 생활 속 거리 두기'를 대책으로 내놓았는데, 이는 잠재적 죽음의 자원인 감염원으로부터 자신을 보호하면서도 사회 안에서 생활을 지속 가능하도록 하는 최소한의 거리이자 합리적 경계로 작동했다. 그러나 의료 현장에서는 이 거리와 경계마저도 허락되지 않았다. 레벨 D 방호복 안팎으로 무효화된 것이다. 환자, 즉 아픈 사람을 돌보는 직업으로서의 의사는 이러한 과정을 통해 (일시적일지는 모르겠으나) 폭탄을 해체하는 폭발물 전문가처럼 잠재적 감염원을 대하는 의료기술자로 환원됐다.•1

2021년 코로나19의 진격으로 인해 우리는 동시대의 지역 사회에 거주하는 인간 거의 모두를 잠재적 환자의 범주로 규

• 2020년 발행한 필자의 졸고 '죽음과 애도에 대한 고찰과 교육 가능성 탐색: 죽음 교육에 앞서 죽음에 대한 반응으로서의 '애도'를 어떻게 볼 것인가(Korean Medical Education Review 2020; 22(3): 163-172)'의 내용을 일부 개정하여 새로운 글과 함께 수록했다.

정해야 하는 상황을 맞이하게 됐다. 그것은 동시에, 모두가 서로를 잠재적 감염원으로 간주해야 했다는 것과 정확히 같은 의미였다. 사회적 거리 두기는 물리적 거리로만 표상되지 않았다.

관련 분야의 전문가 집단이라는 감염내과 의사들에게도 두려움은 예외 없이 찾아 왔다. 임상 진료 지침은 수주 단위로 업데이트됐고 전 세계 의학 저널이 오직 코로나19 방역과 치료에만 매달려 연구 성과들을 토해내고 있었지만 불안감은 여전했다. 전국에서 환자들이 몰려들었고 격리를 위한 중증 병상, 소위 코로나 중환자실은 늘 자리가 모자랐으며, 입원한 환자들이라 해도 예측할 수 없이 순식간에 악화되는 일이 많아 의료진 입장에서 속수무책인 경우가 비일비재했기 때문이다. 한 번도 경험해보지 못한 감염병의 창궐. 때는 바야흐로 코로나19 델타 변이가 일어나면서 감염력과 치명률이 동시에 높아지는 팬데믹의 절정기였다.

마스크 이전의 세상으로 결코 돌아갈 수 없을 것이라는 암울한 예언이 사회 전반에 떠돌았고 병원에서도 늘어난 감염자에 이어 사망자가 속출했다. 굳이 여러 원인을 논하지 않더라도 감염자가 늘면 일정 비율로 중환자가 있기 때문에 사망자 역시 늘 수밖에 없다.

감염의 불안을 잠재우기 위해 고안되었으나 전방위적인 두려움 그 자체를 이미지화하여 적나라하게 보여주는 방호복 레벨 D는 의료진들에겐 전쟁에 나가는 병사가 착용하는 갑주와도 같았다. 그러나 방어력에 방점을 두어 설계한 갑옷은 기동성이 떨어진다. 예컨대 그 갑옷은 입고 벗는 데만 30분이 걸렸다. 게다가 탈부착 순서도 바이러스 감염을 최소화하도록 고안되었기에 모종의 경로에 따라 옷을 입고 벗어야 했는데 순서가 하나라도 틀리는 날에는 감염 확률이 증가할지도 모른다는 강박에 시달려야 했다. 실제로 탈의 순서가 약간이라도 엉킨 날에는 감염 격리 병실 밖에서 마스크를 더 단단히 고정하고 사람 만나는 일을 피하려고 애썼다. 면역력이 약한 아이들을 생각해서 부러 집에 가지 않은 날도 많았다. 가족을 만나지 않는 것이 낫겠다 싶은 날이 며칠이고 반복됐다.

이 사정은 내 환자들과 보호자들에게도 동일하게 작동하는 압력이었을 것이다. 그러나 엄밀하게 따지면 상황은 같지 않았다. 코로나19 중환자실에 입원한 환자들에게는 대개 감염의 전파 가능성과 중증도의 급격한 악화 가능성이 전제된다. 그들의 신체는 그래서 감염병 대응 본부의 원칙과 돌보는 의료진의 전략에 상당 부분 의존하는 상황에 놓인다. 지금까지 살아온 삶의 방향과 원칙이 어떠하든 코로나19 중환자실에 입원한 순간, 환자의 주된 의사 결정은 의학적 소생 가능성과 감염 격리의 원칙에 의해 좌우되는 것이다. 이런 상황에서 환자들의, 개별적 주권이 진작될 가능성은 애초에 크지 않았다. 의료진은 이 감염된 신체들을 치료하기 위해 효율성을 극대화할 수 있는 동선을 짜고 일련의 매뉴얼을 개발하는 데 골몰해야 했다. 이는 기존의 의료 관행에서 바라보면 분명 의료 외적인 요구였지만, 생존과 감염 격리라는 프레임이 다른 모든 가치들을 상회하는 순간 이미 의료 내부의 문제였다.

코로나19 중환자실로 새로운 환자가 입원해 초기 대응을 마치고 나면, 보호자를 만나야 하는 순서가 기다렸다. 보통 보호자가 원격(화상)으로 환자를 면회할 수는 있었지만 이 시스템은 급조된 것이었고 제대로 구축되었다고 해도 충분하지 않았다. 조그만 화면에서 보이는 입원 환자의 실루엣은 어두웠고 말소리는 잘 들리지 않았기에 보호자들은 주로 주치의와 면담을 하며 자신들의 의문을 해소해야 했다. 보호자들은 대부분 순수하게 지적인 의문만을 품고 의료진을 만나러 오지 않았다. 이들은 코로나19의 전염이 왜 하필 자신의 남편, 아내, 아버지, 어머니, 때로는 자녀를 덮쳤는지를 궁금해하나가 이윽고 뭐가 어떻게 놀아가고 있는 건지를 물었니. 그니고 상황이 악화되고 있음을 전달받은 보호자는 특히 받아들이기 힘들어했다. 그런 현장에서는 의료진들도 마음이 무거워진다. 회상컨대, 그 무거운 공기를 제대로 예시할 방법이란 없는 것 같다. 보호자 입장에서 가장 마음이 어려운 지점은, 기존의 다른 병증과 다르게 이 전대미문의 감염병에서는 악화되는 가족의 안위를 본인이 직접 보고 만지고 듣고 확인할 길이 없다는 데 있었다. 생사의 고비를 넘나드는 가족이 지척에 있는데, 눈을 가리고 귀를 막고 입을 봉해둔 것과 다르지 않았다.

코로나19 중환자실에 입원한 환자가 생사의 기로에서 헤맬 때, 유일한 친인척이라서 어쩔 수 없이 소환된 생면부지의 조카와 면담을 할 때에도, 다시는 자신에게 연락하지 말아달라고 관계의 절연을 재차 선언하는 보호자와 통화할 때에도, 고령의 환자에게 찾아온 불의의 손님을 한숨으로 묵묵히 받아들이지만 타들어가는 속을 숨기지 못하는 배우자의 주름잡힌 얼굴을 마주 대할 때에도, 제발 저희 아버지(어머니)를 살려달라며 할 수 있는 모든 것을 하겠다고 애원하는 자녀들을 만날 때에도 나는 공통적으로 사람과 사람 사이에서 마땅히 일어나는 일 중 가장 중요한 문제 하나가 누락되고 있다는 생각을 지울 수 없었다. 그것은 단적으로 말해 나와 관계를 맺었던 사람의 죽어감을 곁에서 바라보는 이가 가질 수 있는 근원적인 감각의 부재다. 그것은 죽어가는 이와 남겨진 자가 시간이 허락하는 한 최후까지 이어지며 서로 나눌 수 있는 공명의 기회가 사라짐을 의미한다. 이 결핍은 비단 죽어가는 이와 그와 깊은 관계를 맺고 있던 가족이나 배우자 등 당사자들에게만 영향을 미치지 않는다. 이러한 '존중의 부재'는 죽음을 마주 대하는 모든 자리에 있는 사람들, 모든 다른 생명들에게 다양하고 심각한 파급 효과를 일으킨다.

　의료진의 처지에서 이런 예를 생각해볼 수 있겠다. 의료진의 각종 노력에도 불구하고 갑작스런 증세 악화로 한 환자가 결국 죽음을 맞이하게 되었다고 하자. 불과 얼마 전까지만 해도 온갖 의학적 술기와 투약 효과의 대상이자, 검사 결과 하나하나의 해석에 의해 치료가 섬세하게 달라지던 신체는 온데간데없고 갑자기 아무것도 할 수 없고 하지 않아야 하는, 어떤 것에도 반응하지 않는 몸이 병상에 누워 있는 것이다.• 생명과 죽음의 이분법이 근대 의료의 근간을 이루어왔음을 감안할 때, 의료진이 환자의 생명을 살리고자 죽음과 대대적으로 싸웠을수록, 그래서 의료진의 피로도가 극심할수록

• 　연명 의료 결정법에 의해 환자가 (연명 시료 기기를 뗀) 기저 여며 이류 입향서를 제출했으며 환자 및 보호자가 심폐소생술 등의 추가적인 조치를 원하지 않는 경우, 환자가 사망하면 모든 치료는 종료된다.

죽음 이후에는 쓸 수 있는 에너지가 고갈되거나 소멸된다. 동시에 최선을 다했다 할지라도 의료진은 이러한 자신의 수고를 암묵적인 패배로 간주할 가능성이 높다. 그래서 어쩌면 이런 패배가 수없이 반복되는 코로나19 중환자실의 의료진이라면 때로 무감각해지는 것이 자신의 마음을 보호하는 길이라 여길 법하다. 생명과 죽음의 이분법은 이런 방식으로 정당성을 다시 획득하고 의료진은 이러한 이분법에 불가피하게 동조함으로써 계속 상처받게 되는 것이다.[2] 결국 이렇게 되면 '어떻게든 생존하게 만드는' 방식과 '죽는 순간까지 좋은 삶을 유지하는 (그래서 결국 잘 죽어가는)' 방식이 공존할 수 있는 영역이 아예 증발한다.

장례 절차를 살펴보아도 마찬가지다. 코로나19로 사망하신 분들의 유해는 영안실을 거쳐 3일 내지 5일 간 장례를 치른 뒤 화장(火葬)이나 매장을 위해 장지로 이동하는 일반적인 경로를 따르지 않았다. 그 대신 일률적으로 먼저 화장한 이후 상례가 진행되는 역순을 취했다. 혹시라도 있을 사후 감염의 가능성을 아예 차단하고자 하는* 감염병 대응 본부의 지침을 따른 것이었지만, 나는 지금까지도 이 과정에서 필수불가결한 인간 의례의 무엇인가가 치명적으로 손상받았다는 감각을 지울 수가 없다. 병원에서는 매뉴얼에 따라 임종 시 유가족을 가능한 짧게 입회하게 한 뒤 코로나19라는 진단명이 적힌 사망진단서에 의거하여 유해를 신속히 화장장으로 이송하도록 조치했다. 얼마 전까지 살과 피를 가지고 다른 이들과 관계를 맺던 한 인격이 불과 한줌의 재로 변하는 이 일련의 과정에서 망자의 유해는, 유가족은 물론 다른 이들의 방문이나 애도로부터 완벽하게 소외되는 것이다.

이제 코로나19 시대의 죽음 전반을 통틀어 죽어간 이와 남겨진 이 사이에서 통째로 생략된 것이 무엇이었지 이 글을 읽는 분들도 인지하셨으리라 생각한다. 구체적으로 나는 이것을 '애도(哀悼, condolences)의 결락'이라고 부르겠다.

최악보다 더 나쁜 결과

2019년, 아직 코로나19의 본격적인 공세가 감지되기 전

- 사하라 이남의 아프리카에서 에볼라 바이러스의 발병이 치명적인 전염병으로 이어진 이유 중 하나가 당시 일부 지역에서 의례적으로 행했던 '죽은 이에게 입을 맞추는' 장례 풍습을 통한 사후 감염이었다. 에볼라 바이러스는 치명률이 높지만 선염력이 강하지는 않은데 방식의 체해에 오래 생존하는 편.● 무 시후 감염이 가능하기에 그러한 장례 풍습을 통해 전파력의 범위가 커졌던 것이다. 코로나19의 경우 사후 감염의 가능성은 고려되었지만, 실제 감염자가 보고되지는 않았다.

의 일이었다. 수개월 만에 뵙는, 아들을 찾아오신 아버지는 점심을 몇 술 뜨시더니 별말씀 없이 숟가락을 내려놓으셨다. 나는 직관적으로 아버지의 이상을 감지했다. 내일 일을 나가야 해서 오늘 일찍 쉬고 싶다며 일어나시는 아버지를 붙잡고 조용히 눈을 들어 살폈다. 수없이 봐온 아버지의 얼굴이었다. 그런데 뭔가 달랐다. 선크림이라고는 평생 발라 보신 적이 없는 아버지의 까무잡잡한, 검버섯이 여기저기 피어 있는 피부가 누렇게 떠 보이는 것이 혹시 황달인가. 나는 찰나에 아버지의 공막에 노란 색채가 있는지를 관찰했다. 다행히 황달은 아니었고 안도의 한숨이 나왔다. 그렇다면 왜 아버지 얼굴이 누렇게 떠 보이는 걸까?

이내 나는 아버지의 얼굴이 창백하다는 사실을 깨달았다. 피부가 흰 사람들에게선 외려 창백함을 발견하기 쉽다. 그러나 평생을 그을리며 살아오신 아버지의 피부에서 그러한 창백함은 감지되기 쉽지 않다. 그렇다면 혹시 빈혈인가. 나는 반사적으로 아버지의 결막을 들여다보았다. 가슴이 쿵 하고 내려앉았다. 아버지의 결막은 핏기가 현저히 부족했다. 이건 분명 '심각한' 빈혈이었다.

내 머릿속은 의사로서의 온갖 경험과 논리를 동원하며 회전하기 시작했다. 심한 빈혈의 흔한 원인 중 하나는 소화기

관의 출혈이다. 종종 암을 동반하기도 한다. 나는 맥박을 확인하기 위해 다급히 아버지의 손목을 잡으며 대변색이 검게 변한 적이 있는지 물었다. 아버지는 그런 적이 없다고 하셨다. 얼마 전 건강검진에서 내시경도 모두 하셨는데……. 아버지는 의심이 많은 외아들을 안심시키기 위해 건강검진 결과지를 사진으로 찍어 내게 보내셨었다. 결과지가 삐뚤게 찍히기는 했고 몇 글자는 잘 보이지 않았지만 큰 이상이 없는 것을 확인하지 않았던가. 아버지의 맥박은 70회, 정상이었다. 이것은 아버지의 빈혈이 급성이 아니라 만성적이라는 것을 의미한다. 출혈 등의 이유로 갑자기 빈혈이 생기면 몸이 적응할 시간이 부족해 흔히 맥박수가 비약적으로 증가한다. 피가 모자라 심장이 일을 많이 하는 수밖에 없기 때문이다. 맥박이 안정적이라는 것은, 적어도 그런 상황은 아님을 시사한다.

나는 못내 다급해져서 아버지께 요새 숨이 차거나 하지는 않으셨는지 물었다. 아버지는 "응 조금"이라고 낮은 목소리로 대답하셨다. 의사가 아니라 아들에게 보내시는 대답은 언제나 다정했다. 오래 보아온 익숙한 다정함이었으나 나는 이상하게 속이 상했다. 이내 아버지를 다그쳤다. "정확하게 좀 말씀해보세요."

아버지는 그저 좀 피곤한 것뿐이라고 하셨다. 하필 그날은 일요일이었고 나는 아버지께 내일 당장 피검사를 해보자고 말씀드렸다. 아버지는 아들의 성화에 못 이겨 내일 검사받으러 병원에 가겠노라며 자리에서 일어나셨다. 다행히 아버지께서 다니는 병원의 주치의는 레지던트 시절 내 은사님으로 믿을 만한 분이었다.

안경을 고쳐 쓴 아버지가 운전대를 잡으신 채 "잘 지내라"는 말을 건네셨다. 나는 걱정과 근심을 삼킨 채 말없이 고개를 끄덕였다. 조수석에 앉은 어머니는 아버지가 피곤해하시는 것 같다고는 거드셨지만 손주들한테 인사하시느라 내내 해맑은 표정을 지어 보이셨다. 두 분을 보내드리고 집에 돌아온 나는 자식 이전에 의사로서 최선부터 최악까지의 결과를 상상했다 접었다를 반복했다. 그날 밤은 잠이 오지 않았다.

아버지는 공무원으로 살아오시다가 외환위기 시절 어머니가 당한 억대의 사업 사기 때문에 울며 겨자 먹기로 30년간 이어온 공직 생활을 접고 퇴직하셨다. 내가 고등학교 3학년 때의 일이었다. 아버지는 연대보증의 연좌제로 차압당하고 남은 퇴직금을 쏟아 육계업을 시작하셨다. 밤낮없이 온도와 습도를 조절해가며 빠른 시일 내에 약 3만 수의 병아리가 닭이 되게끔 만들어야 하는, 고된 일이었다. 농장 일을 해보신 적 없는 아버지에게는 더 그랬을 것이다. 평균 20퍼센트의 병아리는 자라기 전 폐사한다. 그렇게 대략 80퍼센트의 병아리가 가까스로 무사히 자라 닭으로 성장하는데, 그 닭들은 납품이 정해지면 납품 당일 트럭에 태워 도살장으로 보내진다. 정성으로 키운 닭들을 모조리 죽이기 위해 트럭에 실어야 하는 아버지의 마음이 어떠했을지 나는 지금도 짐작이 가지 않는다. 하지만 적어도 아버지가 새로운 일을 전혀 좋아하지 않으셨음을 직관적으로 알았다. 그 일을 통해 우리 식구의 생활비와 나의 의과대학 입학금이 마련됐다.

다음 날 오후 나는 아버지의 주치의인 교수님의 전화를 받았다. 불안감에 가슴이 두근거렸다. 아버지는 심각한 빈혈이 맞았고 백혈구, 혈소판까지 모조리 감소해 있는 '범혈구감소증'이었다. 심각한 질병이 있음을 암시하는 상황이었다. 게다가 이 경우 면역력이 바닥으로 떨어지기에 문제는 더 중대해진다. 결국 나는 아버지를 직접 모시고 상급 병원에 찾아갔다. 골수검사를 통해 아버지의 진단명이 확정되었다. 급성 골수성 백혈병이었다. 내가 가정한 최악보다 더 나쁜 결과였다.

"아빠는, 충분했다"

　　아버지가 병원에서 버티신 기간은 1개월 하고 16일이었다. 항암 치료를 며칠 앞두고 급작스레 찾아온 폐렴이 화근이었다. 아버지는 속절없이 악화되기만 하셨다. 나는 의학적 상상력을 총동원하여 실낱같은 희망을 일구려고 애써보았으나 그 다음 날 검사 결과가 나올 때마다, 또 아버지의 상태를 확인할 때마다 어제의 시나리오가 현실화될 가능성은 여지없이 무너졌다. 의사로서도 아들로서도 하루하루 낙담의 시간이 반복되었고 절망감은 깊어졌다. 신은 내가 올렸던 가장 간절한 기도에 응답하지 않았다.

　　되도록 아버지와 많은 시간을 보내고 싶었다. 나는 근무하던 병원 일을 마치면 바로 아버지가 입원해 계신 대학병원으로 가서 어머니를 대신해 간병을 시작했다. 아버지의 면역력이 굉장히 취약한 상태였기 때문에 균이 많은 타 병원에서 근무하고 온 나는 온몸을 씻고 옷을 갈아입어야 했다. 아버지는 폐렴에 걸리신 뒤로 열이 떨어지지 않았다. 의사이긴 하지만 타 병원 소속으로 처방 권한이 없는 내가 아버지를 간병하며 할 수 있었던 일은 의사로서의 일이 아니었다. 내가 했던 일은 유일하게 드실 수 있는 음식이었던 두유에 빨대를 끼워 입에 물려 드리는 것, 새 얼음을 얼음주머니에 담아서 아버지의 옆구리와 이마에 놓아 드리는 것, 소변을 보시고자 할 때 소변통을 대어 드리는 것, 화장실을 가시고자 할 때 부축하여 모시고 가는 것 같은 간병의 일이었다.

드물게 햇볕이 드는 날도 있었다. 열이 덜 났던 어느 주말에는 아버지께서 계시던 병실에서 나와 휠체어를 탄 아버지와 복도를 한 바퀴 돌았다. 마스크를 쓴 아버지께서 나직이 밖을 바라보셨다. 정신이 혼미해지시기 전, 그나마 대화가 가능했던 짧은 나날 중 하루였다. 그날 나눈 이야기, 아버지 말씀이 생생하다.

"기병아."

"네."

"이 병(백혈병) 진단받던 날, 네가 물었었지. 아빠한테. 뭐 아쉬운 것, 하고 싶은 것 없느냐고."

"네. 그랬죠." 나는 말을 차마 뱉지 못하고 삼키는 듯한 목소리로 대답했다.

아버지는 병원 창밖 먼 곳을 응시하다가 다시 내 쪽으로 고개를 돌려 힘없이 웃으셨다.

"아빠는, 충분했다."

"……."

무슨 말씀을 드려야 할까. 나는 대답할 말을 찾지 못했다. 다만 알코올 소독을 한 손으로 아버지 손을 잡아드리는 일이, 그 온기를 간직하려고 애쓰는 일이 내가 할 수 있는 모든 것이었다.

아버지의 저 말씀은 본인의 삶을 회고하는 자전적 고백이기도 했지만 최소한 절반 이상은 나를 위한 것임을 나는 바로 이해했다. 이 가망 없는 싸움에서 진 뒤에 죄책감에 허덕일 의사 아들에게 아버지가 내미는 구원 같은 말이었다. 나는 자라면서 아버지를 착취했고 크고 난 뒤에는 아버지께 무관심했다. 그게 나와 아버지가 이룬 관계의 본질이었다. 나는 아버지께 아무것도 갚아드리지 못했다. 의사가 된 것을 응원하셨고 좋아하셨지만 병을 조금도 낫게 해드리지 못했고 고통을 조금도 덜어드리지 못했다.

아버지는 몇 주 뒤 결국 중환자실에서 돌아가셨다. 나는 아버지의 인공호흡기와 투석 카테터•를 거절할 용기, 다시 말해 그나마 얼마 남지 않은 살아 있는 아버지와의 시간을 더 줄일 용기가 없었기에 그렇게 고통의 시간도 줄여드리지 못했

• 체강(體腔)이나 위, 창자, 방광, 혈관 등의 장기 속에 넣어 상태를 진단하거나 영양제, 약품 등을 주입할 때 쓰는 관 모양의 기구.

다. 약 40일 동안 꼬박 아버지 옆에서 밤을 보냈기에 아버지 곁을 지킬 수 없는 중환자실에서의 마지막 며칠은 오히려 어색했다. 널찍한 보호자 대기실은 아버지 침상 옆 낮고 좁은 간이침대보다 불편했다.

기억하고 복원해야 할 필수적 정동

아버지의 폐에서는 기존의 세균 감염이 악화되었을 뿐 아니라 면역력이 저하된 환자에게서 기회 감염으로 찾아오는 진균 감염이 퍼지고 있었다. 네다섯 개의 항생제를 투여했으나 호전을 기대하기 힘든 상황이었다. 세균과 진균은 우리 유기체가 생명 활동을 멈추었을 때 유기체를 분해하여 자연으로 되돌리는 역할을 한다. 즉 이 과정을 우리는 다른 말로 '부패'라고 부른다. 거칠게 말해, '감염'은 면역계의 교란으로 인해 유기체가 아직 살아 있을 때 이 부패의 과정이 일어나는 것이라고 할 수 있다. 아버지는 그렇게 코앞까지 닥쳐온 죽음에 직면해 있었다. 동시에 나는 끝을 알 수 없을 것 같은 심적 고통을 경험해야 했다. 나의 모든 계산과 계획에도 불구하고 어떻게 해도 아버지를 좋아지게 만들 수 없다는 무력감과 더

불어 곧 아버지를 이 세상에서 다시 볼 수 없다는 두려운 절망감, 전화를 걸어도 목소리를 들을 수 없다는 상실감이 말로 다할 수 없을 정도로 가슴에 사무쳤다.

아버지는 애서가셨다. 내게 재산을 물려주시진 못하지만 장서는 5000권 넘게 물려주겠노라 하셨던 분이다. 내가 미약하나마 책을 좋아하게 된 것은 아버지 덕이었다. 본가에 갈 때면 아버지는 주로 당신의 서재에서 돋보기안경을 쓰고 책상에 앉아 책을 읽고 계신 경우가 많았다. 서재에 몰래 들어가면 주로 의자에 앉아 계신 아버지의 등을 보게 되는데 그 둥근 등을 바라보고 있는 것이 나는 무척 정겹고 좋았다. 내가 인기척을 하면 아버지는 안경을 내리며 나를 돌아보시고는 피식 미소 짓곤 하셨다. 아버지 없는 서재는 상상이 되지 않았다.

결혼을 하고 아이를 낳고 나서 나는 아버지를 작은 거인 같다고 생각했다. 아버지의 키는 165센티미터가 조금 안 되신다. 나는 고등학교에 올라가면서 이미 아버지의 키를 훌쩍 넘어섰고 아버지보다 10센티미터 정도는 더 컸다. 큰아버지의 표현에 의하면 칠 남매의 삼남이신 아버지는 가난한 환경 탓에 성장기에 잘 먹지 못해 키가 덜 자랐다고 했다. 아버지는 평생 성실하셨다. 비록 어머니의 사업 실패로 평생 모아온 재산을 날려 손에 쥔 저축과 부동산이 없을지언정 자유롭고 소탈한 성품이셨다. 남에게 피해를 주지 않는 삶의 방식을 입버릇처럼 말씀하시고 이를 지키려고 노력하신 삶의 자세가 아버지를 평생 견인했다는 사실을 나는 안다.

아버지의 손때가 묻은 안경, 목수의 아들답게(할아버지께서는 마을의 목조 주택 등을 짓는 대목이셨다) 손수 도면을 그리고 만드신 책장, 깔끔하고 소박하게 정리된 책상(나는 절대 따라 할 수 없다), 수납된 노트들과 취미로 모으시던 비디오 CD들(주로 시장에서 사 모으시던 해적판 위주의 CD였다), 장서에 찍어 놓으신 도장들, 몇 벌 안 되는 옷과 그 옷 위에 걸치던 조끼. 나는 이 모든 것이 아버지를 떠나보내기 전부터 사무치게 그리웠던 것 같다.

아버지의 부재를 이제 나는 어떻게 감당할 것인가. 사춘기가 시작된 아들이 아버지가 하는 말씀을 우습게 여기다가 인생의 굴곡을 겪는 순간부터 예전에 하신 아버지 말씀이 다 옳았다고 생각하게 된다는 이야기를 읽을 때마다, 나는 남 얘기이겠거니 했다. 그러나 이것은 어느덧 나의 이야기였다. 아버지가 하신 일들, 인내하신 것들, 묵묵히 견뎌 오신 고통들, 그러면서도 한결같이 내게 따뜻하셨던 것이 어떤 의미였는지를 내가 피부로 느끼고 있었던 것이다. 그것들이 이제 사라지고 있었다. 이 세상에서 다시는 만날 수 없고 불러도 대답을 들을 수 없는 이름처럼 말이다.

나는 아버지께서 아프시고 돌아가시기까지의 기간 동안 내가 아버지 곁에 가까이 '있을 수 있음'으로써 가까스로 놓지 않을 수 있었던 것, 비록 무척이나 고통스러웠지만 아버지의 죽어감에 내가 오롯이 반응하며 겪어냄으로써만 인지할 수 있었던 이 과정이 바로 '애도'임을 깨닫는다. 나는 아버지께서 의도하신 대화, 당신의 삶이 '충분했다'라는 말씀이 없었다면 아마 이 이별을 견디는 것이 훨씬 더 힘들었을 것이라는 것을, 아버지의 마지막을 지켜보면서 울고 가슴 아프고 아버지께서 못 드실 때 나도 밥이 넘어가지 않는 것을 경험하면서 지옥 같은 아버지의 고통을 조금이나마 피부로 느끼는 이 과정이 없었다면 아버지를 멀고 먼 영원의 나라로 보내드리는 것이 얼마나 더 어려웠을지 이제 잘 안다.

그리고 동일한 의미로 이것이, 코로나19의 현장에서 감염병의 위협으로 인해 제도적으로나 관행적으로나 죽어가는 이의 곁을 지킬 수 없었던 수많은 이들이 하고 싶어도 하지 못했던, 그래서 잃어버렸던 바로 그 감각이며, 이제 팬데믹을 가까스로 마친 우리가 어쩌면 지난 과거로부터 기억해내고 복원해내야 하는 가장 필수적인 정동이라고 믿는다.

좋은 애도란 무엇인가

죽음은 좁은 의미로는 현대에 이르러 각종 병증에 의해 신체 활동이 정지하게 될 때 병원에서 맞이하고 의사 및 의료인의 손에서 판정이 나는, '삶의 종료 지점'을 뜻한다. 그러나 넓은 의미에서 죽음은 인류에게 피해갈 수 없는 운명으로서 삶을 규정하고 위치 짓는 결정적 근원이기도 하다.[3]

프로이트를 비판적으로 계승하여 실존 심리학의 관점으로 발전시킨 어니스트 베커(Ernest Becker)는 인간이 죽음 앞에서 보이는 보편적인 태도에 주목했을 뿐 아니라 죽음에 어떻게 저항하고 대응하는지를 깊이 연구했다. 베커는 그의 걸출한 저작 《죽음의 부정》에서 인간은 무의식 안에 죽음에 대한 공포를 계속 간직하고 있으며, 이를 억누르거나 무시하는 특별한 존재가 되기 위한 다양한 작업을 끊임없이 수행한다고 지적한다.[4] 다시 말해 인간에게 죽음에 대한 공포는 곧 삶의 동력이 되며, 이러한 영웅주의적 행동 양식으로 점철된 삶은 죽음의 공포를 망각하기 위한 절차인 셈이다. 베커에 따르면 이러한 절차를 효과적으로 수행하기 위해 발동되는 심리 기제가 '나르시시즘(자기애)'과 '전이'다.

"(…) 신이 자기편이라는 확신은 가젤보다 사자가 더 크게 느낄 것이다. 가장 기초적인 차원에서 유기체는 삶의 경험에서 자신을 확장하고 영속화하려 함으로써 스스로의 나약함에 적극적으로 맞선다. 움츠러들기보다는 더 많은 생명을 향해 나아가는 것이다. 또한 자신의 활동에 전념할 수 있도록 한 가지씩 수행한다. 이렇게 하면 죽음에 대한 두려움을 신중하게 무시하거나 생명 확장 과정에 실제로 흡수할 수 있다."5

위의 인용문에서처럼 베커는 나르시시즘을 인간이 자신의 유약함에 대응하며 삶의 저변을 확장시켜나가는 동시에 죽음의 부정을 효과적으로 수행하는 기제로 봤다. 가젤과 사자보다는 더 강력한 두뇌와 학습 능력을 가진 인간은 자신의 한계를 맞닥뜨릴 때마다 물리적, 화학적, 의학적, 심리학적 도구들을 활용하여 자신의 생활 범주를 생명활동 전반에 걸쳐 확장해나간다는 것이다. 인간이 성장하면서 못 하던 운동을 할 수 있게 되고, 차가 없을 때는 못 가던 거리를 운전을 통해 극복하며, 독감에 걸려 고열에 시달릴 때는 해열제와 항바이러스제를 투약하는 것이 베커가 말하는 나르시시즘적인 발상의 예가 될 것이다. 한편, '전이'는 나르시시즘으로 극복할 수 없는 난관에 봉착했을 때 시도된다. 이에 대해서는 베커를 원

용하여, 죽음을 대하는 현대 의학의 문제에 적용시킨 가톨릭
대학교 가정의학과 박중철 교수의 견해가 적확하리라 생각하
여 아래에 옮긴다.

"자신의 유한한 피조물성을 체현한 인간은 이로 인한 불안에
서 벗어나기 위해 '전이'라는 방어기제로 자신보다 우월한 권
력이나 절대성에 스스로를 동일시하거나 예속시켜 다시 나르
시시즘적 안정감을 되찾게 된다. 그러나 전이는 자신의 것이
아닌 것을 자신의 것으로 여기는 착각을 유발하며 (…) 맹목적
인 전이에는 자신보다 더 큰 권력의 원천 안으로 자신을 밀어
넣고자 하는 욕망이 깔려 있고 이것들은 국가, 혈통, 조국, 민족
과 같은 신비와 집단주의를 조장하기도 한다."[6]

박중철 교수는 나르시시즘과 전이를 설명하는 데 그치지
않고 이러한 방어기제를 죽음을 대하는 현대 의학의 태도에
적용시켜 비판한다.[7] 나르시시즘은 자신의 능력을 자존감의
근거로 삼는 것이고 전이는 집단이나 문화와 자신을 동일시하
는 것인데, 이러한 일이 죽음을 대하는 현대 생의학의 입지에
서도 나타난다는 것이다. 박 교수의 주장을 요약하자면 현대
의학은 첨단과학이라는 기술적 '나르시시즘'에 의존해왔으며,

결국 극복할 수 없는 죽음 앞에 설 때는 법률, 원칙주의, 치료 지침이라는 강령들 안으로 자신을 '전이'시켜 의학의 무력감을 숨기고 자존감을 지킨다는 것이다. 예를 들어 자의로 연명 의료를 포기하겠다고 서명하여 현대 의학적 치료의 지침을 벗어난 환자들은 더 이상 의학의 고려 대상이 아니며, 그것은 환자 자신의 법률적 결정이기에 의학적 권위와 자존감은 상처받지 않을 수 있다는 식이다. 의사들이 현대 의학적 전이에 빙의하여 치료 지침에 따라 무리한 연명 의료를 강행하거나, 혹은 치료 포기 후 죽음이 임박한 환자들을 상실감 없이 마주 대하는 것이 정당화되는 이유가 이러한 논점에서 설명 가능해진다. 같은 방식으로 죽음을 대하는 반응으로서 애도의 부재 또한 설명될 가능성이 열린다. 즉 전이라는 착각 속에서 도그마적 권위에 예속된 의학과 의료진의 입장은 죽음을 슬퍼하거나 제대로 반응할 수 없다. 왜냐하면 슬퍼하거나 반응하는 순간 죽음 앞에 무기력한 자신을 바로 인정해야 하기 때문이다.

그렇다면 의료진이 아닌 환자 및 보호자의 처지에서 바라보는 죽음의 문제는 어떠할까.《죽음의 부정》의 서문을 쓴 샘 킨(Sam Kean)은 어니스트 베커와, 동시대를 살았던 정신과 의사이자 죽음 전문가 엘리자베스 퀴블러 로스(Elizabeth Kübler-

Ross)의 관계를 '기묘한 동맹'으로 지목한다. 퀴블러 로스는 죽어가는 이들을 돌보는 의사였지만, 동시에 죽음을 체현하는 과정을 저술한 환자로도 이름을 널리 알렸다. 의과대학에서 도식처럼 배우는, 환자가 죽음을 받아들이는 5단계 이론 (부정-분노-타협-우울-수용)은 퀴블러 로스 연구의 산물이다. 물론 퀴블러 로스는 부정과 분노가 이어지다가 우울로 넘어가 수용하고 타협하기도 하는 등 이 도식이 그대로 적용되지 않을 수 있음을, 사람마다 다른 단계를 거칠 수 있음을 강조했다. 퀴블러 로스는, 상실은 우리가 배우고 익혀야 할 "수업"이며 죽음은 그 수업의 "완성"이라 일컫는다.[8] 그는 죽음을 맞이하고 죽어가는 이를 돌보는 일에 큰 반향을 일으켰고, 죽음을 비롯해 수많은 상실 이후에도 삶은 지속된다는 점을 알리고자 노력했다. 당시 그의 사상의 영향을 받아 불붙은 호스피스 운동은 의료 사회 및 의학계 전반에 큰 영향을 끼쳤으나, 주류 문화로 편입되지는 못했다. 눈부신 속도로 발전하는 첨단 의학기술과 죽음을 정복하고자 하는 인간의 공포가 버무려져 여전히 '죽음은 정복의 대상'이라는 관점이 유효했기 때문이다. 요컨대 죽음의 패러다임은 바뀌지 않은 셈이다. 퀴블러 로스의 저작은 의사인 저자가 죽어가는 환자로서 쓴 수기이기도 했지만 여전히 전문가가 건네는 조언으로서의 성격이 강하다. 예컨대 《인생 수업》에서 그는 "시간이 모든 것을 치유한다는 사실만큼은 분명하다"거나 "죽음이 궁극적인 상실은 아니다"라는 말을 통해 우리 인간이 죽음이라는 상실에서 결국 회복할 수 있음을 강조한다.9 그렇지만 의료 현장에서 죽어가는 환자와 보호자의 입장에서 이러한 이야기는 사안이 어느 정도 지난 다음에나 귀담아들을 만한 제언일 수 있다. 의료 현장의 생의학적 시간은 그 바깥의 일상적 시간과 사뭇 다르게 흐르기 때문이다.

인류학자이자 예술가인 아부 파먼(Abou Farman)은 유방암 치료를 받던 아내가 재발한 후 마침내 생의학적 가망이 없는 시기인 '임종기(terminality)'로 분류되는 과정을 다룬 자아성찰적 민족지(ethnography)를 기술한다.10 파먼은 인간이라는 입체적 존재가 죽음을 앞두고 생의학적 체계 안에서 임종기 환자로 구획·축소되는 것에 문제를 제기했다. 인간의 죽음은 본래 도덕적이고 사회적인 차원에서 일어나는 복합적인 사건인데, 이에 비해 생의학적 분류로서 임종기 환자라는 구획은 단지 일시적인 시간성에 불과하기에 이 과정에서 인간으로서 환자의 존재는 단지 남아 있는 시간(숫자)으로 압축당한다는 것이다. 파먼의 아내를 예로 들면 누군가의 아내이자 학자이나 엄마이자 작가가 아니라, 단지 '삶이 3개월 남은 사람'이

되는 식이다. 파먼은 '임종기'라는 생의학적 기획이 '모든 것을 계수·계량화하여 평가하는 사회가 인간의 죽어가는 과정조차 재사회화하는 방식'이라고 비평하며 '어떻게 죽음을 맞이해야 하는가(ars moriendi)'라는 중세 기독교식 질문의 현대적 버전이라고 자조한다.[11] 이런 기획에 따르면 퀴블러 로스가 모든 것을 해결해줄 것이라고 낙관했던 '시간' 중 필연적이고 아마도 가장 고통스러운 일부는, 생의학적 재단에 의해 폭력적인 존재 압축의 방편으로 작동하게 된다. 이렇게 축소된 존재를 향해, 남겨진 시간으로 수량화되지 않는 도덕적·사회적 존재로서의 인간을 향한 전(全)인격적인 반응인 '애도'가 알맞게 발생하지 않는 것은 어찌 보면 당연하다. 따라서 애도의 결락은 비단 코로나19로 인한 죽음에만 적용되는 문제가 아니다. 생의학적 시스템 안에서 애도의 결락은 행위자인 의사나 환자, 질병 자체 때문만이 아니라 다분히 '구조적'인 이유에서 발생하는 것이다.

한편 퀴블러 로스는 다른 책 《상실 수업》에서 죽음에 대한 반응으로서 '슬픔'을 내적인 영역이자 감정으로, '애도'를 외적인 영역이자 관습으로 구획화했다.[12] 그러나 이러한 구획은 감성과 의례를 구태의연하게 묶어버리는 일이 될 수 있다. 또한 의례로서의 애도는 나름의 개인적이고 사회적인 기능을 가진다. 인류학자 샤론 코프먼(Sharon R. Kaufman)과 린 모건(Lynn M. Morgan)[13]은 〈삶의 시작과 끝의 인류학〉이라는 논문에서 죽음을 주제로 진행된 그동안의 인류학적 현지 조사와 기획을 정리했다. 그들은 최근의 인류학 민족지가 산 자와 죽은 자의 핵심적 관계에 주목한다며, 죽은 자를 배치(disposition)하고 기념(memorialization)하는 행위가 산 자의 사회적 정체성에 심오한 영향을 끼치기에 인류학이 죽음과 사별 의식, 즉 애도를 연구해왔다고 밝힌다. 예컨대 죽음의 인류학을 재고하고자 애써온 매슈 엥겔케(Matthew Engelke)는 최근 논문에서 1995년 인류학자 데이비드 그레이버(David Graeber)가 현지 조사한 메리나족(Merina)•의 전통적인 매장 의례인 '파마디하나(Famadihana)'를 환기하는데, 이 의례에서 산 자들은 죽은 자의 시신을 꺼내 천으로 잘 싸맨 뒤 허공에 높이 든 채 춤을 추며 매장을 준비한다.[14] 이때 매장을 위해 시신을 비인격화하여 싸매는 행위는 죽은 자를 산 자로부터 단절(detachment)하지만, 동시에 죽은 자를 명예롭게 호명하고 산자들이 축복을 구하며 춤을 추는 행위는 죽은 자와 산 자를 연결(connection)한다. 이처럼 애도 의례는 죽은 자와 산 자의 관계를 재구성

• 마다가스카르의 중앙고원에 거주하는 말라가시족을 구성하는 종족.

하며 '의미 있는 존재의 죽음'이라는 고통스러운 무질서를 기념하고 재배치한다. 요컨대 이 의례는 산 자의 공동체에서 죽은 자를 충분히 추모하면서도, 동시에 죽은 자와 산 자의 세계를 명확히 구분지음으로써 그간의 혼란과 고통을 정리하는 역할을 한다.

죽은 자가 산 자에게 영향을 미치는 의례의 존재는 공포영화나 괴기소설에나 등장하는 허구이거나 과거 주술 시대의 유물이 아니다. 브라운대학교 인류학과 교수 리베카 루이즈 카터(Rebecca Louise Carter)는 미국에서 살인율이 가장 높은 도시 뉴올리언스에서 총격으로 사망하거나 다친 아이를 둔 흑인 어머니들이 서로를 위로하고 모임을 가지며 연대하는 현장을 탐사한다.[15] 카터는 이러한 흑인 어머니들의 움직임을 '애도'의 관점에서 재평가한다. 어머니들은 어느 죽은 자녀의 생일이 되면 다 같이 모여 그 아이의 생일파티를 열어준다. 타인과 함께하는 이 '공동 작업'은 그 자체로 애도 행위가 된다. 이러한 애도 행위는 죽은 자가 산 자의 세상에 영향을 미치는 한 가지 방식으로 작동하는 동시에 기존의 '총격'과 같은 폭력적 관행이나 구조에 미묘한 균열을 낸다. 뉴올리언스의 어머니들은 우리에게 애도의 형태는 고정된 것이 아니라 다양하게 나타날 수 있으며 죽은 자와 산 자 사이의 의례로서 애도란 개인적이지만 한편으론 사회적인 행위임을 깨닫게 한다.

그렇다면 다시 코로나19 팬데믹이 지나간 의료 현장으로 돌아가서 우리가 던져볼 만한 질문은 이것이 아닐까 한다. 우리가 회복해야 할 '좋은 애도'란 무엇인가. 이 질문은 필연적으로 좋은 죽음이란 무엇인가와 연결되어 있다. 그러나 죽음을 조정할 수는 없어도 애도의 방식과 내용은 조정할 수 있다. 죽음 자체를 막을 수는 없더라도 죽음을 이해하는 방식을 수정할 수는 있으며, 죽어가는 이를 살려낼 수는 없더라도 그에게 반응하는 방식은 개선할 수 있기 때문이다. 나는 이를 '애도의 윤리'라고 호명하고자 한다. 의료 사회 안의 세세한 규칙과 지침조차 일련의 의무이자 윤리로 받아들이는 의료계의 관행은 차치하더라도, 가장 중대하고 중요하며 필연적인 인간의 죽음을 대하는 반응인 '애도'에 일련의 윤리적 감각을 부여하는 것은 전혀 이상한 일이 아니기 때문이다.[16]

《애도와 멜랑콜리》라는 유명한 저작에서 프로이트는 애도를 정상적인 것으로, 멜랑콜리를 비정상적인 것으로 구분한다. 자신에게 소중한 대상을 상실한 후 고통을 겪는 주체가 그 대상에게 투여한 리비도를 회수하여 자아로 되돌리는 것이 '정상적인 애도'이며, 상실한 대상을 떠나보내지 못하고 리비도를 철회하지 못하는 병리적 과정이 '비정상적인 멜랑콜리'라고 본 것이다.[17] 이는 정상적인 애도 과정인 '내재화'와 비정상적인 '합일화'•를 주창한 정신분석학자 니콜라스 에이브러햄(Nicolas Abraham)과 마리아 퇴뢱(Maria Török)에 의해 계승되었고 정신의학 교과서에도 소개된다. 반면 철학자 자크 데리다(Jacques Derrida)는 애도의 불가능성을 말하며, 진정한 애도란 '끝나지 않는 것'이라고 주장한다. 데리다에게는 프로이트나 에이브러햄, 퇴뢱이 말하는 정상적인 애도가 소중한 대상을 타자로 고립시켜 주체로부터 영원히 추방해버리는 것으로 보였다. 이는 프로이트 학파의 사람들에게는 논의의 근간을 뒤흔드는, 이의 제기에 해당한다. 데리다의 관점에서 애도는 대상의 죽음 이후에 시작되는 것이 아니다. 인간의 모든 만남은 보통 '예측할 수 없는 작별이 전제되어' 있는 것이기에 애도는 실상 만나는 순간 함께 시작된다고 그는 말한다. 데

• 에이브러햄과 퇴뢱에 따르면, 내재화(interojection)는 프로이트 이론에서 말하는 성공적인 애도 방식으로 자아를 애도 대상인 타자와 분리해낸 경우에 해당한다. 잃어버린 타자의 좋은 속성(함께 만든 추억 등)을 자아의 일부로 받아들여 강화하고 추모 및 기념할 만한 능력을 함양한 채 삶을 살아가는 과정을 일컫는다. 합일화(incorporation)는 애도 대상을 자아와 분리하지 못한 채 "주체 안에 일종의 은밀한 묘지"(왕은철, https://www.krm.or.kr/krmts/search/detailview/research.html?dbGubun=SD&m201_id=1002422/)를 세우는 것을 말한다. 이 경우 애도 대상인 잃어버린 타자를 배제한 채 자아의 삶을 영위할 수 없기에 소위 '실패한 애도'로서 우울증과 같은 정신 병리의 대상이 된다고 풀이한다.

리다는 그의 친구이자 철학자 에마뉘엘 레비나스(Emmanuel Levinas)를 추모하는 자리에서 다음과 같이 이야기한다.

> "(…) 죽어가는 타인의 죽음은, '책임이 있는 나'라는 나의 정체성 자체 속에서 내게 영향을 미치며 형언할 수 없는 책임을 이룬다. 그것이 바로 그의 죽음과 맺는 나의 관계이다."[18]

프로이트에게 죽음이 타자를 잊는 시작점이라면, 데리다에게 죽음은 타자를 기억하는 시작점이다. 물론 환자를 치료하고자 했던 정신분석가로서 프로이트의 관점과 철학적·윤리적 사유에 방점을 두었던 철학가 데리다의 입장에는 차이가 있을 수 있으며, 이는 옳고 그름의 문제가 아니라 주고받는 대화의 형식으로 보는 편이 생산적 논의를 가능하게 할 것이다.[19]

우리 사회가 품은 애도의 윤리

덴도 아라타의 소설 《애도하는 사람》의 주인공 시즈토는 전국을 유랑하며 이름도 알지 못하는 사람들을 애도하는 별난 인물이다. 그는 다른 조건은 상관없이 망자가 누구를 사랑했고 누구에게 사랑받았으며 누가 그에게 감사했는지만을 조사하여 그 내용으로 애도를 행한다.[20] 그런데 이 소설이 감동을 일으키는 이유는 단지 그의 별난 행위가 주는 여운 때문만이 아니다. 《애도예찬》을 쓴 영문학자 왕은철에 의하면 시즈토의 애도에는 '감염성과 중독성'이 있다. 왕은철의 평가를 잠시 옮겨 보면 아래와 같다.

"놀라운 것은 시즈토의 애도병에 감염성과 중독성이 있다는 데 있다. 독자의 관심을 사기 위해서라면 기사를 꾸며내고 사건을 조작하는 걸 서슴지 않던 저널리스트 마키노 고타로, 복잡한 과정을 통해 남편의 다소 변태적 요구에 따라 남편을 죽여준 나기 유키요, 그리고 아들이 애도를 그만두고 정상적인 생활로 돌아오기를 바라면서도 그를 멀리서 지켜봐주는 사카스끼 준코에 이르기까지, 결국에는 모두가 시즈토처럼 타인을 소중하게 생각하고 타인의 죽음을 진심으로 애도하는 마음을 갖게 된다."[21]

물론 우리가 사는 세상에 이렇게 따뜻하고 이상적인 애도만 존재한 것은 아니다. 인류 역사에는 참담하기 짝이 없는, 애도라고 차마 부를 수도 없는 애도가 더 많았을지도 모른다. 미국의 인류학자 낸시 셰퍼 휴스(Nancy Scheper-Hughes)는 영아 사망률이 20퍼센트에 육박했던 브라질 북부에서 행한 연구를 묶어낸 저서《눈물 없는 죽음: 브라질의 일상 속 폭력(Death without weeping: the violence of everyday life in Brazil)》에서 정치경제적으로 불안한 상황에 놓인 어머니들이, 약하게 태어난 아이들의 죽음을 방조할 뿐 아니라 상징적으로 미화한다는 사실을 밝혀냈다.22 이 어머니들은 자신의 아이가 죽어가는 상황을 두고 (약한 아이는) 일찍 죽는 것이 축복이라고 말하거나 아이에게 삶의 의지가 충분히 강하지 않아서 죽은 것이라며 책임을 전가하기도 한다. 적어도 이 아이들의 장례식에는 우리가 마땅히 있어야 한다고 생각하는 방식의 애도는 존재하지 않았는데, 애도는 이처럼 사회 환경과 상황, 조건과 맥락에 따라 경사(傾斜)되거나 심지어 폭력적으로 재구성될 수 있다. 이런 의미에서 애도에 있어 사회적 조건과 맥락은 다시 중요해진다. 또한 앞서 짚어본 '애도의 윤리'는 반드시 짚고 넘어갈 사안이 된다. 그 사회가 어떤 애도의 윤리를 품고 있는지가 실제 애도 행위에 영향을 미치기 때문이다.

물론 죽음은 '죽어본 일이 없는' 산 자들에게는 불가해한 작업임이 틀림없다. 생의학적 지식을 바탕으로 시도하는 지적인 이해가 일부 가능하다고 하더라도 죽음에 포함된 다채로운 감정과 정서, 윤리적인 맥락을 이해하는 일은 또 다른 차원의 문제다. 요컨대 애도 반응을 일으키는 일뿐 아니라 죽음을 이해하는 데는, 전인격적인 과정이 필요한 까닭이다. 사회학자 김홍중 교수는 "'우리'의 마음이 '그들'의 마음과 구별되지 않는 어떤 공명의 체험 속에서, 우리는 어렵사리 하나의 사회를 기획하고, 계약하고, 꿈꾸고, 체험한다"고 했다.[23] 그는 아울러 우리 시대의 공동체를 향해 부재나 결손 혹은 비관과 진실하게 대면하면서 고통과 맞서고, 새로운 희망을 모색하는 "고뇌의 공통 공간"의 필요성을 역설한 바 있다.[24]

그렇다면 코로나19 팬데믹 시절 죽어간 이들과 남겨진 이들 사이에서, 우리 사회가 통째로 상실했던 근원적 감각과 경험을 한데 모아 헤아리고 위무려면, 무엇이 필요할까. 나는 죽음을 마주 대한 현장에서 의료진들과 환자들, 보호자들과 모든 관련인들이 슬픔과 고통, 대안과 의견을 나누기 위한 공통의 기반이 되는 '이해'와 '감각'이 필요함을 제안하고자 한다. 죽음에 대한 반응으로서 '애도'는, 사람마다 다른 방식으로 체현될 수 있는 것이기에 각자의 고유한 경험적 자산이다. 그러나 동시에 관계된 모두가 이 과정에 참여하게 된다는 점에서 각자가 느끼는 이해와 감각은 공통의 기반을 형성하는 기본 단위(monad)가 될 수도 있다. 이 공통의 기반은 의료인이나 비의료인 할 것 없이 사회구성원들이 평소 경험해온 애도의 질적, 양적 수준에 따라 변화하고 공명하며, 일련의 과정을 거쳐 개인과 공동체에 사회적 경험으로 축적된다.

좋은 죽음이란 무엇인가에 정답은 없다. 따라서 '애도' 또한 주입식으로 가르치거나 배울 수 있는 성질의 것이 아니다. 다만 죽음에 대한 반응으로서 '애도'는 죽음을 마주한 사람들이 누구나 동의하는 공통의 이해와 감각을 반영하기에 죽음 자체보다 논의하기 수월하다. 또한 애도에는 윤리적 함의가 담겨 있기 때문에 교육적 논의를 통해 향후 애도의 수위와 수준을 논하는 일이 가능하다.[25] 요컨대 학생부터 노년까지 좋은 죽음이란 무엇인지를 활발하게 토론할 분위기가 마련되고 대학과 병원만이 아니라 시민사회에서도 연구와 논의의 장이 열리는 일이, 애도 반응의 저변을 넓히고 의료 환경에서 도처에 산재한 죽음에 능동적이고 포괄적으로 대처하는 방안의 시작점이 될 수 있다. 이 지점에서 앞서 짚었던 '애도의 윤리' 또한 다학제적으로 재점화될 가능성이 열린다. 박중철 교수가 지적한 것처럼 죽음을 일단 적대시하고 보는 생의학의 추동력이 좋은 죽음을 추구하는 일을 왜곡할 가능성이 있다면, 죽음을 논의하고 교육하는 현장에서 생의학은 사회과학이나 철학, 인문학과 지속적으로 대화할 수 있는 학문적 지평을 재

고하는 것부터 시작해야 하는 것이 아닐까 생각해본다.[26]

자크 라캉은 셰익스피어의 유명한 희곡 〈햄릿〉에 등장한 햄릿 왕자의 분노와 비극의 원천을 '비정상적으로 단축된 애도'로 분석했다.[27] 왕이었던 아버지의 죽음을, 원흉이던 삼촌과 어머니를 포함해 그를 제외한 모두가 도외시하는 왕궁에서 햄릿이 느낀 분노와 좌절은, 적실한 시간과 적절한 수준에서 펼쳐지는 애도의 시간이 증발되고 상실된 사회에서 개인이 경험하는 비극적 정동의 표현이라는 의미이다.

우리 사회가 코로나19라는 비극의 터널을 헤쳐 나오면서 미처 해결하지 못한 채 내부에 쌓아둔 집합적인 고통과 분노가 어떤 불의의 기회들에 의해 터져 나오기 전에, 바라기는 진심 어린 '애도'를, 공통의 지평에서 모색할 수 있기를 희망한다.

돌봄의 얼굴들

의료와 철학의 언어를 넘어

실천과 삶의 언어로

정종민

전남대학교

글로벌디아스포라연구소

• 이 글은 2021년 교육부와 한국연구재단의 지원을 받아 수행한 연구(NRF-2021S1A5B5A16078297)를 토대로 썼다. 2023년 한국문화인류학회 봄 정기학술대회에서 발표한 내용과 이미 출판된 논문[1]에서 다루지 못한 일부 내용을 발전시켜 전개했다. 생명윤리법에 따라 개인과 기관 식별 정보는 익명화했다.

"1초도 못 쉬는" 돌봄

2022년 3월 하늘재가복지센터 소속 요양보호사 이정희 (60)를 만났다. 이정희는 장기요양 2등급*인 김순례(81)와 장기요양 5등급이었지만 낙상사고로 집에서 누워 지내는 남편 심재인(65)을 돌보고 있었다. 내가 근황을 묻자 이정희는 깊은 한숨부터 내쉬었다. 주름지고 검게 탄 이정희의 얼굴에는 피로의 흔적들이 그대로 서려 있었다. 기력이 없어 보였다.

"이제 묶여버렸잖아요. 답답하죠. 자리를 비울 수가 없으니까요. (…) 저는 이제 스트레스를 어떻게 풀 수가 없어요. 뭐, 전

---

* 「노인장기요양보험법」에 따라 장기요양등급은 장기요양인정조사표에 의거한 검사 결과로 나온 장기요양인정 점수를 기준으로 5개 등급과 인지지원 등급으로 판정한다. 구체적으로 심신의 기능상태 장애로 일상생활에서 다른 사람의 도움이 '전적으로' 필요한 1등급(95점 이상), '상당 부분' 필요한 2등급(75점 이상 95점 미만), '부분적으로' 필요한 3등급(60점 이상 75점 미만), '일정 부분' 필요한 4등급(51점 이상 60점 미만)과 치매특별등급인 5등급(45점 이상 51점 미만), 그리고 노인성 질병에 해당하는 치매로 인한 인지지원 등급(45점 미만)이 있다.

혀! 예전에는 적어도 한 달에 한 번은 교회에 갔어요. 그런데 비대면으로 바뀐 뒤로 교회조차 못 나가죠. (…) 진짜 그게 맞는 것 같아요. 이제는 1초도 못 쉬는 것이."

이정희에게 돌봄은 한마디로 끝도 없이 뻗어나가는 예측할 수 없는 사건의 연속이었다. 이정희가 2년 6개월 동안 돌봐온 김순례는 인지증• 당사자다. 이정희가 돌보기 전에 이미 대여섯 명의 요양보호사가 김순례를 돌보았지만 짧게는 2~3일, 길게는 반 년 정도 하다 중간에 그만두었다. 김순례는 비록 걷는 것이 불편했지만, 집안에서 생활하는 데 어려움이 없었고 활력이 넘치는 사람이었다. 문제는 김순례의 말과 행동이 전형적인 '나쁜 인지증' 증상에 해당한다는 점이었다. 김순례가 요양시설이 아니라 집에서 지낼 수밖에 없는 이유도 여기에 있었다. 물론 김순례도 두세 군데의 요양시설에서 짧게는 한 달, 길게는 서너 달을 머문 적이 있었다. 하지만 '자발적' 퇴사를 종용하는 시설관계자들의 '설득'에 시설을 나올 수밖에 없었다. 김순례는 지역 요양시설에서 돌보기 힘든 사람, 소위 '블

• 공적으로 사용하는 기관명·문서·정책 등을 제외하고, 어리석고 정신이 부재하다는 부정적인 의미의 치매(癡呆) 대신 '인지증'이라는 용어를 사용했다.

랙리스트'에 올라 있었다. 시설 관계자들은 김순례가 평소 성격이나 행동과는 다르게 폭력성을 나타내기도 하고 폭언을 한다는 이유로 '나쁜 인지증'의 대표적인 사례로 분류했다.

이정희는 2년 전만해도 김순례가 조금만 도움을 받으면 입고, 먹고, 씻고, 싸는 일을 혼자서도 무리 없이 할 수 있었다고 했다. 하지만 팬데믹이 한창인 2022년 3월 김순례는 밥과 물을 주라고 할 줄도 몰랐다. 대변을 보면 그것을 종이나 헝겊 같은 것으로 싸서 바닥에 버려두거나 서랍에 감춰두거나 비눗갑에 담아서 이정희에게 건네기도 했다.

"목욕도 못 시켜요. 목욕차가 와도 못 해요. 자기 정신은 0.1퍼센트도 없어요. 목욕을 한번 했는데 목욕하다가 찻길로 뛰쳐나갔대요. 저도 못 시켜요. 그분은 자기 정신이 아니니까 "씻을까요?" 그럼 거절해요. 그래서 설득을, 설득을 해서 (목욕을) 하잖아요! 그러면 비누칠을 한 채로 들어와버려요. 그러다가 미끄러지면 큰일 나잖아요. 그래서 목욕도 못 시키고 양치도 못해요. 이번에도 설득시키다, 시키다 겨우 했어요. 어떨 때는 양치하고 입을 헹궈야 하는데 그 물을 마셔버려요. 아니면 또 물도 먹지 않고 헹구지도 않고 그냥 방에 늘이시버리요. 지에(인지증) 돌봄 교육에서 거즈로 치약을 조금만 묻혀서 닦아줘라 그래요. 그런데 그럴 수가 없어요. 이론과 현실이 달라요. 아이고, 난리예요! 나를 할퀴고 긁고, 때로는 아저씨(남편)한테도 그런대요. 자다가 아침이면 이불 싹 걷어다가 목욕탕에 던지고는 나가라고 악을, 악을 쓴데요."

힘든 일에 푸념할 법도 하지만, 이정희는 김순례가 똥을 만진 손을 얼른 안 씻었다는 것부터 걱정했다. 김순례는 "하나에서 열까지 모조리" 혼자서 할 수 있는 일이 없었기 때문에 이정희는 김순례의 모든 일상을 돌봤다. 설상가상으로 김순례는 한시도 가만히 있는 법이 없었다. 걷지 못하면 기다시피 하면서 움직였고, 무언가를 찾는 듯 뒤적거렸고, 풀어헤쳤다. 보일러 전원 선을 잡아당기거나, 어디서 힘이 솟았는지 가벼운 물건, 무거운 물건 할 것 없이 화장실 앞에 쌓아놓기 일쑤였다. 이정희는 칼과 가위 등 뾰족하고 위험한 물건을 만약의 상황에 대비해 숨겼지만 김순례가 젖은 손으로 전기 제품에 손을 대는 바람에 상처를 입은 날도 있었다. 김순례는 수시로 이정희에게 욕설을 퍼붓기도 했다. 아침 인사에 "이 잡년아 가라!"는 욕지거리를 들었다. 폭력 성향도 있었다.

2017년 문재인 정부는 의료비의 90퍼센트를 건강보험으로 보장하는 '치매국가책임제'를 발표한 뒤 전국에 256개의 치매안심센터를 개소했다. 이를 통해 다양한 인지증 당사자 및 가족 맞춤형 서비스를 제공했다. 윤석열 정부 역시 '요양·간병 걱정 없는 나라'라는 공약에 맞춰 간호간병통합서비스 확대를 통한 국민건강보험 지원 증대와 요양병원 간병비의 국민건강보험 급여화 등을 추진 중에 있다. 하지만 장기요양 등급에 따라 시간과 비용으로 환산되어 제공되는 돌봄 서비스에 과연 질병과 함께하는 삶으로서의 일상에 대한 고민이 얼마나 담겨 있을까?

팬데믹 동안 우리 사회는 TV·신문·소셜 네트워크·플래카드 등을 통해 코로나19 시대 일상의 영웅으로 현장을 지켰던 필수 노동자들에게 응원의 메시지를 보냈다. 하지만 돌봄 노동자의 작업 환경이나 복지 등은 크게 달라지지 않았다. 지난 3년간 전남, 광주, 서울에서 만난 30여 명의 돌봄 노동자들은 우리가 "돌봄의 위기" 시대에 살고 있다고 했다. 정확히 말하면, 2008년 처음 장기요양보험제도가 출범한 그날부터 돌봄 참사는 이미 시작되었고, 그 참상이 팬데믹 상황에서 비로소 수면 위로 드러났을 뿐이라고 했다.

돌봄 노동자들은 의료에 얽힌 재난 상황이라 도망칠 수도 없다고 호소했다. 이 상황이 숙어서야 끝날 것 같은데 자신이 돌보는 사람들 때문에 죽을 수도 없다고 체념하듯 말했다.

쉴 수도, 피할 수도 없는 지난 3년간 이들의 삶에 당도한 것은 그야말로 "일 폭탄"이었다. 노동의 강도는 상상할 수 없을 정도로도 사나웠다. 사회적 거리두기로 인해 돌봄 가능 인원이 최소한으로 제한됨에 따라 수급자(피돌봄자)의 신체활동지원, 인지활동지원, 인지관리지원, 정서지원, 가사 및 일상생활지원 등을 홀로 감당해야 했다. 방호복을 입고, 수시로 장갑을 바꾸고, 손길이 닿은 모든 곳을 알코올로 소독해야 했다. 1인 가구 방문요양의 경우 수급자의 백신 접종도 '책임'져야 했다. 한마디로 팬데믹 상황에서 인적·물적 자원의 부족을 메꾸는 일은 대개 돌봄 노동자 개인에게 할당되듯 떨어졌다. 그 안에는 자신뿐만 아니라 가족의 안전을 저당 잡힌 감염의 공포도 담겨 있었다. 어디에서 누구를 통해 감염되었는지도 모를 감염병이 발생하면 돌봄 노동자는 곧바로 사회적 낙인의 대상이 되었다. 게다가 장기요양 수급자가 감염되어 병원으로 이송되거나 안전을 이유로 돌봄 중단을 요청하면 돌봄 노동자는 실직 상태로 내몰렸다. 그 기간이 짧게는 1주, 길게는 6개월까지 이어진 경우가 허다했다.

이 글은 코로나19를 온몸으로 이겨낸 돌봄 노동자의 공을 치하하거나 떠받들기 위한 영웅 서사가 아니다. 무섭고 두렵고 피로를 넘어 소진에 이르러서도 현장을 지켰던 어느 쓸

쓸한 돌봄 노동자의 삶에 관한 이야기이다. 나는 섣부른 위로나 추앙, 격려를 담기보다 돌봄 노동자가 팬데믹 기간 동안 살아온 일상을 되짚으며 그들의 목소리를 비교적 있는 그대로 담아보고 싶었다. 무엇보다 어려운 상황에도 불구하고 팬데믹을 견딜 수 있었던 그 힘이 어디에서 나오는지 궁금했다.

퇴근 없는 삶

오전 8시 30분에 시작한 김순례의 돌봄은 낮 12시 30분경에 끝났다. 퇴근 후 이정희는 집에서 편히 쉴 수 있었을까? 이정희는 한때 소소하지만, 남편 심재인과 함께하는 저녁이 있는 삶을 꿈꿨다. 두 아들이 결혼 후 인근 대도시로 분가해 나간 뒤, 이정희 부부는 이 정도면 됐다 싶어 심재인이 정년퇴직할 무렵 욕심을 내서 살던 터에 새집을 지었다. 그동안 어려운 살림에 시부모를 모셨고, 자식들을 양육했고, 남편을 뒷바라지했던 고생이 하나둘 보상받는 듯했다. '인생은 육십부터'라는 말마따나 새로운 출발이 될 줄 알았다. 적어도 남편이 퇴직한 지 얼마 지나지 않아 경도인지장애를 보이기 전까지는 그랬다.

이정희는 발 빠르게 남편도 돌보고, 생활비에도 보태고, 손주 용돈이라도 벌 생각으로 요양보호사 자격증을 취득했다. '이정희'라는 자신의 이름이 적힌 월급명세서를 생애 처음으로 받아보는 기쁨도 누렸다. 노동이 이렇게 즐겁고 보람찬 일인 줄 알았으면 좀 더 일찍 시작할 걸 하는 생각도 잠시 했다. 이정희는 남편이 인지증 특별등급인 장기요양 5등급을 받을 때만 해도 모든 일을 감당할 수 있으리라 믿었다. 같은 지역에 사는 남편의 형제들과 인근 도시에 사는 아들들의 손을 빌릴 수 있었다. 혹시 가족의 손을 빌릴 수 없을 땐 하늘재가 복지센터의 방문요양 서비스를 이용하면 된다고 생각했다. 무엇보다 당시 심재인은 간단한 도움을 받으면 일상생활을 무리 없이 할 수 있는 정도였다.

하지만 그 믿음은 오래가지 못했다. 우선 심재인은 자신의 기억력이 예전 같지 않다는 것을 알게 되자 대외활동을 줄이고 집에만 있었다. 주야간보호·인지활동형프로그램·방문요양·방문간호 등의 서비스를 받을 수 있었지만, 심재인은 이러한 서비스 이용을 꺼렸다. 그는 주위 시선을 부담스러워했고 특히 여성 요양보호사에게 돌봄 받는 일을 싫어했다. 어쩔 수 없이 인지활동형 방문요양만 이용했다. 그러던 어느 날 팬데믹이 확산될 무렵 심재인은 집안 욕실에서 넘어졌고 그렇게 일어나지 못한 채 누워 지내게 되었다. 이후 두 아들이 주말마다 번갈아 가며 집에 와서 아버지의 목욕을 시켜주었지만, 그것을 제외한 일상의 모든 돌봄은 이정희 몫이었다. 여기에 팬데믹이 지역사회까지 확산되자 시누이와 아들에게 도움을 받는 일도 힘들어졌다. 이정희의 일상은 김순례와 심재인의 돌봄이라는 늪으로 빨려 들어가기 시작했다. 그야말로 팬데믹은 이정희를 벼랑 끝으로 몰아갔다.

미국 존스홉킨스 의과대학의 낸시 메이스(Nancy L. Mace)와 피터 라빈스(Peter V. Rabins)는 알츠하이머병과 사는 아내를 돌보는 시애틀의 한 남성이 하루가 마치 36시간처럼 길게 느껴진다는 말에 주목했다.[2] 이들은 인지증 돌봄이 사랑과 애정뿐만 아니라 끊임없는 주의와 관심이 필요해서 하루 36시간, 아니 48시간으로 느껴질 만큼 끝날 줄 모르는 돌봄의 연속이라는 점을 강조했다. 밤이 되어 불을 끄고 잠들면 끝날 줄 알았던 돌봄은 어둠이 채 걷히기도 전에 다시 시작된다. 밤이라고 상태가 나아지리라는 보장도 없다. 어떤 일이 일어날지 예측이 불가능하다. 아마도 이정희의 밤 역시 거동이 불편한 남편의 욕창을 걱정하고 기저귀를 가는 것을 고민해야 할, 잠 못 이루는 길고 긴 밤이었을 것이나. 이는 연구 책능기 김영옥이 말한 "새벽 세 시"의 돌봄인의 몸들, 더 이상 눈 뜰

기력도 없는 영겁의 무게의 눈꺼풀을 견뎌야 하는 몸이자 만성 불면증에 시달리는 몸이다.[3] 새벽 세 시는 온몸이 통증으로 뻐근한 상태로 예전과 같지 않은 나이 든 돌봄인 자신의 몸을 인식하는 서글픈 시간이다. 어제의 피곤과 피로가 채 풀리기도 전에 잠들지 못하는 돌봄 당사자의 요구에 응해야 하는 시간이다. 어쩔 수 없이 또 견뎌내야 하는 시간이다. 그것도 대개는 혼자서!

돌봄은 일방적이라기보다 관계적이다

심재인에게 인지증은 갑작스럽게 찾아오지 않았다. 그 이전부터 조짐이 있었지만 그저 나이 탓이려니 하고 몸이 보내는 신호를 무시했다. 그래서 심재인이 인지증을 받아들이는 데는 꽤 오랜 시간이 필요했다. 그는 걸을 수 있었고, 혼자서 밥도 먹을 수 있었고, 화장실도 갈 수 있었다. 기억이 헷갈릴 때도 있었지만 예전에 근무했던 곳을 찾아가는 것은 문제도 아니었다. 가끔 하려던 말이 아닌 이상한 말이 튀어 나오거나 적절한 단어가 생각나지 않는 경우가 있었지만, 몸짓과 표정으로 대충 에두를 수 있어서 의사소통에도 별 문제가 없었다.

안타깝게도 한국에서 인지증 당사자가 어떻게 일상을 보내는지 알려주는 이야기는 찾아보기 힘들다. 인지증과 관련된 책이 도서관과 서점에 굉장히 많이 나와 있지만, 인지증 당사자의 목소리를 담은 책은 거의 없다. 대부분이 의사, 간호사, 요양보호사, 가족이 쓴 책이고 거기에 등장하는 심재인 같은 당사자는 자신들의 목소리를 빼앗긴 돌봄의 대상으로만 다뤄지고 있다. 심리학자 리처드 테일러(Richard Taylor)는 알츠하이머병을 진단받고 5년 동안 경험한 자신의 삶을 '반쯤 물이 찬 컵'에 비유했다. 테일러는 자신이 물이 절반 차 있는 상태도 아니고 반쯤 비어 있는 상태도 아니라고 말한다. 비어 있음은 채울 수 있는 가능성을 품고 있는 것이며 상황에 따라 변할 수 있다는 것이다. 테일러에게 인지증과 사는 삶이란 시간이 멈춰진 진공의 무의미한 삶도 아니고 일방적인 두뇌 퇴화 과정도 아니었다. 오히려 인지증과 함께 살아가는 자신은 세상과 마주하면서 "포용"하기도 하고 "저항"하기도 하는 등 상응하고 조율하는 과정에서 끊임없이 변화하고 변화되는 "생성"적 존재라고 강조한다.4 정작 인지증 당사자에게 지금-여기에서 떠오르는 기억과 현실은 '망상'이 아니라 '실제'라는 사실을 우리는 종종 간과할 때가 많다. 똑같은 세상을 살고 있지만 내가 사는 세상과 인지증 당사자가 사는 세상이 다를 수 있음을 인정하려 들지 않는다. 돌봄 제공자와 수혜자 사이에서 다툼과 불화, 걱정과 근심이 생기는 장소이자 순간이다. 한마디로 사람들은 돌봄을 '건강'한 사람이 '환자'를 일방적으로 돌보는 것이라고 착각한다.

　누군가를 돌보거나 돌봄을 받은 경험이 있는 사람이라면 '돌봄은 관계적'이라는 것에 동의할 것이다. 이정희는 심재인을 가족 돌봄과 함께 방문요양 서비스를 신청할까 고민했었다. 하지만 심재인은 다른 요양보호사의 돌봄을 꺼렸다. 주야간보호 서비스를 이용하지 않은 이유도 마찬가지였다. 소위 일단 들어가면 죽어서 나온다는 시설은 아예 쳐다보고 싶어 하지 않았다. 이정희도 심재인의 시선과 몸짓의 의미를 알아채고 더 이상 외부 활동을 부추기지 않았다. 이정희는 시누이와 아들, 남편의 의견을 종합해서 '가족 돌봄'을 결정했다. 여기에는 심재인이 지역과 요양시설에서 '젊은' 나이였고, 누워지내기 전에는 거동이 가능해 집에서 충분히 혼자서도 지낼 수 있다는 요인이 크게 작용했다. 무엇보다도 이정희와 가족 입장에서는, 심재인이 평소라면 시도하지 않았을 뇌에 좋은 식이요법과 건강 체조 등을 하게 할 좋은 기회라는 점도 무시할 수 없었다. 이렇듯 돌봄은 일방적인 '수혜'도 아니며 무조건적인 '수발'도 아니다. 이정희는 모든 것을 혼자 결정할 수도,

심재인을 원하는 방향으로 윽박지를 수도 없었다.

　이정희가 김순례를 돌보는 과정을 보면 좀 더 명확해진다. 김순례가 목욕 서비스를 받던 어느 날 목욕차에서 갑자기 뛰쳐나가는 바람에 당시 요양보호사들이 교통사고가 날 뻔했다며 가슴을 쓸어내린 적이 있었다. 김순례는 때로 양치질을 거부하거나 치약을 삼켰고 옷을 갈아입힐 때는 소리치며 폭력성을 보이기도 했다. 이유야 어찌 되었든 김순례의 협조 없이 김순례를 돌보는 일은 불가능했다. 이런 면에서 돌봄을 이분법으로, 즉 돌봄을 주는 쪽과 받는 쪽으로 나누는 사회적 통념은 재고되어야 한다. 돌봄은 혼자서 할 수 없으며, 돌봄 수혜자와 제공자가 끊임없이 나눈 대화와 소통의 결과물이다.

　심재인과 김순례가 돌봄 제공자에게 돌봄을 받는 것 역시 함께 살기 위한 이들의 '행위능력'이자 공존의 기술이다. 치약은 양치질의 도구일 수도 있지만 김순례에게는 먹을 수도 있는 것이었다. 목욕은 상황과 조건에 따라서 피로를 풀고 몸을 씻는 행위가 될 수도 있지만 김순례에겐 낯선 사람 앞에서 속살을 비춰야 하는 곤란한 일이었을 수 있다. 어쩌면 쉬고 싶은데 억지로 물가로 끌려 나온 소가 된 기분이었을 수도 있다. 이럴 때 김순례는 저항해야 했다. 동일한 사물과 행동이지만, 주어진 환경과 조건에 따라 그리고 행위자의 상황에 따라 행위

가능성은 확장되거나 축소된다. 나는 이렇듯 인지증 당사자가 일상에서 마주하는 사람, 사물, 기계, 환경과의 관계에서 발생하는 행위능력을 "인지증의 지원성(dementia affordance)"•5 이라고 설명한 적이 있으며, 김순례가 끊임없이 자신에게 '의미 있는' 연결을 만들려고 시도하는 능력도 그중 하나라고 생각한다.

이정희는 심재인의 기저귀를 가는 일이 어렵지 않다고 했다. 심재인이 힘을 뺀 상태로 누워 있으면 혼자 힘으로는 꿈쩍도 할 수 없지만, 이정희의 손길에 따라 말하지 않아도 자신의 몸을 왼쪽으로, 오른쪽으로 움직이고 엉덩이를 살짝살짝 들어준다고 했다. 돌봄을 마무리할 때쯤 심재인은 잘했다는 듯 보일 듯 말 듯 미소를 잊지 않는다고 했다.

• 행동 유도성, 행위 지원성, 행위 유발성, 어포던스 등 다양하게 번역되어 사용되고 있는 affordance는 심리학자 제임스 깁슨(James J. Gibson)[6]이 제안한 생태학적 개념으로 행위자(동물이나 사람 등)와 환경간의 관계에서 발생하는 "행위의 가능성"으로 이해된다. 쉽게 말하면 affordance는 환경에 내재된 물리적 속성이라기보다는 행위자(의 능력)에 따라 동일한 행위라도 다른 행위의 가능성을 제공할 수 있다는 의미이다. 예를 들어 거울은 자신을 비춰주는 도구이기도 하지만 인지증과 사는 사람에게는 인식장애에 따라 혼란을 일으키는 위험스러운 물건이 된다. 이런 의미에서 나는 '인지증 친화적 환경이 제공된다면 인지증과 사는 사람의 행위 능력도 강화'될 수 있으며, 이러한 연결을 시도함으로써 드러나는 '변용 가능성'을 강조하고자 '인지증의 지원성'이라는 새로운 개념을 제안했다.

김순례와 이정희의 협주는 더 놀랍고 극적이고 아름답다. 이정희는 김순례와 일상적인 상호작용과 의사소통이 거의 불가능하기 때문에 다른 방법을 찾아야 했다. 또한 김순례의 인지증 증상이 변화함에 따라 지속적으로 방법을 수정·보완해야 했다. 이러한 과정은 김순례를 환자가 아닌 온전한 사람으로 바라보고 접근하고 관계 맺을 때만 가능하다. 임상심리학자인 그레이엄 스토크스(Graham Stokes)는 '비정상적인' 태도와 행동을 마주함에 있어 우려스러운 것은 눈에 보이는 학대, 폭언, 폭력만이 아니라고 했다. 오히려 더 걱정스러운 것은 인지증 당사자를 바라보고 접근하는 우리들의 "생각 없고, 무정하고, 무감각적인 태도"라고 했다.7 그러면서 22가지 돌봄의 성공과 실패 사례를 기술했는데 그중 D부인의 사례는 김순례와 유사하다. D부인은 한마디로 요양시설에서 단 1초도 편안하게 지내질 못했다. 김순례가 요양시설에서 그랬던 것처럼 끊임없이 '배회(혼자 걷기)'하고, 폭력적이며, 때로 다른 거주자들에게 욕을 했다. 신경안정제를 먹어도 상황은 개선되지 않았다. 시설에서는 D부인을 정신병동으로 보내야 할지를 심각하게 고민했다. 그러나 상담 과정에서 정말 우연히 D부인이 신실한 모태 가톨릭 신자이며, 방을 가톨릭에서 죽음과 애도를 상징하는 보라색으로 온통 꾸며놓았다는 것을 알게 되었다.

D부인은 생물학적 죽음 이전에 심리적·사회적으로 이미 죽음의 공포를 경험했던 것이다.

김순례 사례를 돌이켜 보면 어느 누가 자신의 기억, 추억, 소유물, 사람 등이 하나도 없는 공간에서 지내고 싶어 할지 다시 한번 묻지 않을 수 없다. 어느 날 김순례가 잠에서 깨어난 아침을 상상해본다. 김순례는 이정희의 말처럼 "자기 정신이 0.1퍼센트도 없는 분"으로 남편, 아들, 며느리, 손주도 알아보지 못했다. 김순례의 이런 상황을 고려하면 아마도 낯선 남자(남편)와 한집에서 자는 것이 두려웠을 수도 있다. 다만 오랜 시간 같이 지내다 보니 김순례에게 남편은 낯설기는 하지만 자신에게 해를 끼치지는 않을 사람 정도로 보였을 것이다. 하지만 새벽에 언뜻 눈을 떴는데 낯선 남자가 자기 옆에서 자고 있다는 것을 지각했을 때의 상황은 또 다르다. 화들짝 놀라지 않을 사람이 있을까? 본능적으로 벗어나야 했을 것이다. 사방이 막혀 도망갈 곳도 없는데 도망가려 발버둥 쳤을 것이다. 혹시라도 틈이 있나 방문을 열려고 했을 것이고, 줄이 있으면 힘껏 당겨도 보았을 것이다. 그러다 전기에 감전되어 깜짝 놀라기도 했을 것이다. 아마도 김순례는 자신이 할 수 있는 모든 수단과 방법을 동원해 힘껏 저항하지 않았을까 추측해본다. 김순례가 외쳤던 소리가 주위 사람에게 이상한 욕설로 들렸을 뿐이다.

　이정희는 김순례를 포기하지 않았다. 테일러의 말처럼 인간이란 처음과 끝이 정해진 고정된 존재가 아니라 세상과 끊임없이 연결하고 관계 맺는 존재라면, 그리고 그 연결망을 좀 더 인지증 친화적인 환경이나 조건으로 바꿀 수 있다면 인지증 당사자의 삶은 훨씬 다른 양상을 띨 것이다. 그런 면에서 영화감독 마이클 로사토 베넷(Michael Rossato-Bennett)이 2014년에 발표한 다큐멘터리 〈그 노래를 기억하세요?(Alive Inside: A Story of Music and Memory)〉는 음악을 통한 새로운 연결 가능성을 보여준다. 하루 종일 우울해하고 말도 없던 요양원에 거주하던 노인들이 자신이 예전에 즐겨듣던 음악을 듣고 눈을 번쩍 뜨며 반응을 보인다. 흘러나오는 음악에 맞춰 어깨를 들썩이기도 하고, 춤을 추며, 울고, 웃는다. 스페인에서 알츠하이머병과 사는 노인들을 만나 음악을 들려주는 '깨어나기 위한 음악(Musica para despertar)' 팀의 작업도 인상적이다. 2020년 이들이 유튜브에 올린 영상이 전 세계의 주목을 받는데, 영상 속 마르타 곤살레스 살다나(Marta C. González Saldaña)는 휠체어에 의지하고 있었다. 한쪽으로 축 늘어진 어깨와 머리는 세상과 소통할 이유도 방법도 힘도 잃은 듯했다. 하지만 헤드폰을 통해 차이코프스키의 〈백조의 호수〉를 듣고 마르타는 다시 발레리나로 돌아갔다. 마르타의 팔 동작과 표정은 한 마리의 백조가 춤을 추듯 섬세하고 아름다웠다. 그것은 분명 과거에 마르타가 공연한 〈백조의 호수〉 속 '오데트'의 모습이었다. 이건 먼 나라의 이야기가 아니다. 나는 이정희와 김순례의 협주에서 그 가능성을 본다.

> "처음에는 막 반항해요. 욕을 하고 그래요. 근데 이제 '엄마 나하고 반찬 할까? 우리 콩나물 무칠까? 나하고 빨래 갤까?' 이제 이렇게 좀 심할 때는 주제를 바꿔버려요. '또 뭐 TV 노래를 좋아하세요. 그래서 저거 보시게요.' 이렇게 다른 방향으로 바꿔요."

이정희는 김순례를 돌보기 전 시어머니를 포함해 어르신 세 분을 돌아가실 때까지 돌보았다. 모두 인지증 당사자였다. 그런 이정희에게도 김순례는 까다로웠다. 도무지 어디에 주파수를 맞춰야 하는지 그 뜻을 짐작하기 어려울 때도 많았다. 다만 이정희는 자신의 기준과 속도를 따르는 것이 아니라 김순례의 속도와 강도로 둘 사이의 연결 가능한 관계를 끊임없이 찾아야 한다는 점만은 확실히 알았다. 그러려면 김순례가 원하는 것에 집중해야 했다. 김순례에게 손을 씻자고 해도, 옷을 갈아입자고 해도 한번 싫다고 하면 할 수 없었다. 이럴 때는 손 씻기를 강요하는 것이 아니라 김순례에게 익숙한 것, 함께 할 수 있는 것을 중심으로 화제를 자연스럽게 바꿨다. 이정희가 매주 월요일, 돌봄이 없는 주말 동안 똥과 오줌으로 범벅된 옷, 이불, 벽 등과 한바탕 '전쟁'을 치러야 했던 상황도 마찬가지다. 어느 날부터 김순례는 무슨 귀한 것을 선물하듯 이정희의 앞치마 주머니에 똥을 넣어 주었다. 대화가 통하지 않으니 김순례가 어떤 생각과 의도로 그런 행동을 했는지 헤아릴 수는 없었다. 다만 이정희는 김순례가 감정이 상하지 않도록 아무렇지 않은 듯 고맙다는 말과 함께 김순례의 눈을 피해 똥을 깨끗이 처리했다. 돌봄은 이렇듯 두 사람 사이에서 때론 불협화음이 날 수 있지만, 따로 또 함께 만들어내는 앙상블이다.

하고 싶은 돌봄이 아니라 잘할 수 있는 돌봄

김순례는 하루 4시간, 주 5일 총 20시간으로 한 달간 돌봄 서비스를 80시간 이용했다. 다행히 이전 요양보호사와는 다르게 이정희는 지난 2년 6개월 동안 일요일을 제외하고 매일 오전 8시부터 하루도 빠짐없이 김순례를 돌봤다. 이정희의 방문요양 시간은 김순례의 남편 김동호(82)에게 잠시나마 다른 일, 다른 생각을 할 수 있는 휴식 시간이었다. 이 시간 동안 김동호는 경로당에 가거나 김순례의 돌봄에 필요한 여러 일을 했다. 돌이켜 보면 지난 몇 년간 김동호의 삶은 인지증 당사자인 아내를 돌보는 것뿐만 아니라 그 과정에서 동시에 자신도 돌봄받고 있음을 깨달아가는 시간이었다. 김순례가 화장실을 홀로 사용할 수 있을 때만 하더라도 김동호는 일말의 회복 가능성을 믿었다. 그래서 처음에는 김순례의 '이상한' 행동을 고쳐주려고 했다. 치료와 재활이라는 이름으로 '틀린' 곳을 바로잡고 가르치려 했다. 인지증이 현대의학으로는 회복 불가능한 불치의 '병'인 줄 알면서도 나아질 수 있을 것이라는 희망을 가졌다. 하지만 시간이 흐를수록 김동호의 목소리는 높아지고 화를 내는 일이 잦아졌다. 설상가상으로 김순례는 한밤중에 문을 쾅쾅 두드리며 괴성을 날리거나 폭언을 쏘아붙였다. 이유라도 알 수 있으면 해결책을 찾으려 노력해보겠지만 김순례는 알 수 없는 표정으로 침묵하거나 이해할 수 없는 말과 행동만 했다. 그저 그 전날 어떤 약을 먹었는지, 곁에 있는 사람을 알아보는지, 어디에 있는지 등으로 짐작할 뿐이다.

김순례·김동호 부부는 내가 영국의 요양원에서 만난 레이철(Rachel)과 제이컵(Jacob) 부부를 닮았다. 유대교인 제이컵과 기독교인 레이철은 직업고등학교에서 처음 만났으며, 육십 평생을 함께 살아온 잉꼬부부다. 둘 다 건축학을 전공해서 제이컵은 건축가가 되었고, 레이철은 자녀를 키우는 동안 그림을 그리며 실내인테리어에 집중했다. 하지만 노년에 이르러 레이철에게 찾아온 우울증과 알츠하이머병은 레이철의 기억과 언어를 하나둘 지워가기 시작했다. 제이컵은 레이철의 일거수일투족을 쫓으며 일상의 소통 과정에서 발생하는 구멍들을 메우기 시작했다. 약속 날짜를 잊어버리면 달력에 빨간 글씨로 대문짝만하게 표시했고, 아들과 전화 통화를 하다가 말문이 막히면 힌트를 주거나 이음말을 알려주었다. 제이컵은 이것이 자신이 할 수 있는 최고의 사랑이며 최선의 돌봄인 줄 알았다. 하지만 악착같이 구멍 난 곳을 메우면 다른 곳에서 더 큰 구멍이 생겼고, 그 속도는 걷잡을 수 없이 빠르게 번져 갔다. 제이컵은 더 이상 감당할 수 없었고, 무력감은 점점 커졌다. 레이철보다 자신이 먼저 죽을 수도 있겠다는 생각에 두려움도 느꼈다. 요양원의 돌봄 팀은 지쳐 있는 제이컵에게 자신의 눈높이와 속도가 아니라 레이철의 눈높이와 속도에 맞추어야 한다고 조언했다. 불안하고 위태로워 보이더라도 레이철이 혼자 할 수 있는 것은 스스로 하도록 시공간적 여유를 주되 늘 곁을 지키는 방식의 '관계적 돌봄'을 이야기했다. 또

레이철만의 시간뿐 아니라 제이컵 자신을 위한 돌봄의 시간을 충분히 가져야 한다고 강조했다. 상담 후 제이컵과 레이철은 가장 먼저 부부 침실에서 함께 생활하는 방식에서 벗어나기로 했다. 가까운 거리에 있는 1인실에서 각자 생활하기로 한 것이다. 제이컵은 레이철이 더디지만 혼자서 할 수 있는 일은 최대한 스스로 하도록 기다려주었다. 레이철은 혼자서 머리를 빗는다거나, 옷깃을 고르게 한다거나, 우울증으로 한때 중단했던 그림을 다시 그림으로써 느리지만 자신의 삶을 조금씩 찾아갔다. 이를 통해 제이컵이 얻은 가장 귀중한 소득은 자신도 인지증 당사자인 아내와 함께하는 삶을 배워간다는 점이었다. 그것은 아내의 지금-여기의 삶을 있는 그대로 인정하는 데서 시작됐다. 이후 제이컵은 끊임없이 레이철과 함께 어우러지기 위해 연습하고 또 연습했다.

마찬가지로 김동호에게 지난 3년의 시간은 김순례에게 필요한 돌봄은 무엇이며 어떻게 함께 살 수 있는지를 찾고 배우는 과정이었다. 팔십 평생 집안일을 거의 하지 않았던 김동호도 밥하고, 빨래하고, 청소를 하는 등의 시도를 하지 않은 것은 아니다. 그렇지만 흉내만 낼 줄 아는 김동호를 보다 못해 이정희가 "요양보호사가 할 부분만이 아니라 그 외" 2층 계단 청소나 김동호와 관련된 일도 도맡아 하게 되었다. 정서적 돌봄도 마찬가지다. 김동호는 오랜 기간 함께 살면서 시부모를 봉양하고, 아이들을 키우고, 남편을 보필했던 아내 김순례에게 한 번도 "사랑한다", "고맙다"는 말을 해본 적이 없었다. 그런데 나이 들어 아픈 김순례를 보고 측은한 마음이 들어 갑자기 그런 표현을 한다는 것은 김동호에게 너무 어색한 일이었으며, 설령 한다고 해도 김순례는 이해할 수 없는 지경에 이르렀다. 특히 아내의 기저귀를 갈고 목욕을 시키는 일은 자신뿐만 아니라 온 가족이 동원되어도 한바탕 '난리'를 치러야 겨우 할까 말까 한 거의 불가능한 일이었다.

이러한 시행착오를 거치면서 김동호는 이정희에게 점점 더 의지하게 되었다. 하지만 이들의 관계를 단순히 시장 논리로 설명하기에는 뭔가 부족하다. 우선 이정희는 그때까지 돌봤던 인지증 당사자들과 남편을 통해 김동호의 돌봄이 얼마나 고통스럽고 힘든 일인지 잘 알고 있었다. 더구나 아들만 있는 동일한 처지에서 여성의 손길이 닿지 않는 집안 살림은 보지 않고도 짐작할 수 있었으며, 실제로도 김동호의 집은 눈뜨고 보기 힘들었다. 이정희는 도저히 '제대로' 할 수 있는 일이 거의 없는데 뭐라도 해보려는 김동호의 모습에서 자신을 발견했다. 무엇보다 아픈 사람을 두고 떠난다는 것은 이정희 사신이 지금까지 믿고 지켜왔던 돌봄 '철학'이나 신앙을 생각했을 때 허락될 수 없는 일이었다. 김동호에게도 제한적이지만 약간의 변화가 생겼다. 김동호는 식재료 및 돌봄 용품 구입, 백신 접종 등에 적극적으로 나섰고, 장기요양보험 등급 재평가에 필요한 서류와 행정 절차를 준비하는 일도 맡았다. 이는 김동호에게 단순히 집안의 가장이니까, 아버지이니까, 남편이니까, 돌볼 사람이 자신밖에 없으니까 어쩔 수 없이 수행하는 도덕적 의무가 아니라 김순례에게 필요한 '적절한' 돌봄을 부단히 찾는 과정에서 요청받고 또 발견한 것이다.

물론 이 모든 과정이 톱니바퀴처럼 잘 돌아가지는 않았다. 이정희가 김순례의 집에서 머무는 시간은 4시간뿐이었다. 김동호는 그 나머지 20시간 대부분을 김순례와 같이 지내야 했다. 팬데믹 이전에는 아들 내외들의 도움을 받곤 했는데 그것마저 어려워졌다. 방문요양 서비스 시간이면 경로당에 나가 친구들과 얘기를 나누곤 했는데 그것도 불가능해졌다. 갈 곳이 없어 그냥 멀리 나가 있어야 했다. 그야말로 창살 없는 감옥에서 살아야 했다.

그럼에도 불구하고 아무것도 할 수 없을 것 같았던 아내를 돌보는 일에서, 할 수 있는 일이 생긴 덕분에 김동호는 무기력함에서도 어느 정도 벗어날 수 있었다. 물론 돌봄을 여전히 여성의 전유물처럼 간주하는 기울어진 현실에서 김동호 스스로 남성 노인의 '새로운' 돌봄성을 만들었다고 평가할 수 있을지는 여전히 의문스럽다. 하지만 아내 김순례를 위해 뭔가를 해보려는 끊임없는 노력은 충분히 평가받을 만하고, 지금도 김동호식 돌봄을 만들어가고 있음은 확실하다.

못다 한 이야기들

이정희의 이야기에 등장한 심재인, 김순례, 김동호는 팬데믹을 잘 견뎌냈을까? 또 이후의 삶을 잘 준비하고 있을까? 이 이야기의 결말이 해피엔딩이라면 좋았겠으나, 아쉽지만 그렇지 않다. 결론부터 말하면 불안하다. 이들의 돌봄은 모두 취약하고 위태롭다. 이정희는 2023년 초 매화꽃이 필 무렵 남편을 먼저 떠나보냈고 돌봄 노동은 멈춤 상태다. 김동호는 여전히 김순례를 오래 돌볼 수 있는 사람을 찾고 있다.

내가 이정희를 만난 그 주에 이정희는 김순례를 돌보는 일을 그만두었다. 이정희는 하늘재가복지센터에서 일하는 지난 6년간 단 한 번도 결근한 적이 없을 정도로 모범적인 장기근속 요양보호사였다. 코로나19 팬데믹이 지역사회에서 확산되던 위험한 상황에도 이정희는 묵묵히 돌봄을 지속했다. 그런 이정희가 일은 그만둔 것은, 감당할 수 없는 상황을 마주했기 때문이다. 김순례의 돌봄을 끝까지 마무리해야겠다는 책임감에 이정희는 남편의 여동생한테 남편을 잠시 돌봐달라고 부탁했다. 아니 정확히 말하자면, 남편 돌봄은 하늘재가복지센터의 방문요양 서비스를 이용하고 김순례를 이정희 자신이 계속 돌보려고 했다. 하지만 "오빠가 언제 죽을지도 모르는데 오빠 곁에 있어주면 좋겠네요!"라는 시누이의 말을 듣고 '아, 이게 아니구나. 내 욕심이었구나' 하고 마음을 바꿨다. 곧바로 하늘재가복지센터에 상황을 알리고 김순례를 위한 대체 요양보호사를 구해달라고 부탁했다. 그리고 이정희는 김동호에게 사정을 이야기했다. 계획대로라면 이정희를 대신해 다른 요양보호사가 김순례를 방문할 예정이었다. 하지만 그 전날 김순례를 직접 본 요양보호사는 도저히 안 되겠다며 손사래를 쳤다. 이정희의 사정을 들은 김동호는 대강 남편이 아프다는 사실은 알았지만, 그 정도일 줄은 몰랐다며 엉엉 울었다.

"거기 어르신이 엉엉 우시더라고요. 그래서 저도 울고. 난 남자분이 그렇게 우는 것 처음 봤어요."

이 글에 등장하는 두 부부의 사례가 대한민국에서 인지

증과 사는 노인 부부의 전형적인 모습은 아닐지도 모른다. 그러나 통계 수치에 가려져 제대로 알려진 적 없는 인지증 당사자와 가족의 삶과 이야기를 한 자락 엿볼 수 있는 것만은 분명하다. 두 노부부의 이야기는 적어도 지금-여기 한국 사회에서 벌어지는 돌봄 위기의 한 단면을 적나라하게 보여준다. 이들의 이야기를 따라가다 보면 꼭 내가 처한 상황과 정확하게 동일하지는 않더라도 어딘가 익숙한 장면을 발견하게 될 것이다.

나는 이정희의 이야기를 들으며 그의 말 중간 중간 느껴지는 '돌봄 철학'에 숙연해질 때가 한두 번이 아니었다. 이정희의 말은 거칠고 정제되지 않아 투박했지만, 돌봄에 참여하는 사람 모두 함께 살아갈 방법을 찾기 위해 부단히 노력을 기울였다는 사실을 그대로 드러냈다. 이정희는 섣부른 희망이나 절망을 얘기하는 대신 희망과 절망 사이의 그 어디쯤에 존재하는 '함께 살 가능성'을 찾고자 애썼다.

인지증 당사자들을 돌본 이정희에게는 10에서 1까지 거꾸로 셀 수 있는지, 카드 세 장을 보여주고 30초 후에 카드에 담긴 그림과 내용을 기억하는지 같은, 자로 잰 듯한 기준으로 인간을 판단하는 의료적 접근만으로는 설명할 수 없는 일이 많았다. 테일러는 이런 '의료적 접근'이 "예전 같지는 않지만, 여전히 자신의 몸을 관통하여 살아 생동하는 감각, 감정, 정동들의 움직임을 무시하거나 왜곡한다"고 비판했다.8 심재인의 경우도 마찬가지다. 예전처럼 날렵하지는 않지만 체화된 몸의 습관이나 행동은 그대로 남아 있었다. 남인수의 〈황성 옛터〉 같은 흘러간 노래의 첫 소절만 들어도 가사를 안 보고도 읊조릴 수 있었다. 쩝쩝 소리를 내지 않고 밥을 먹는 습관도 여전했다. 김순례도 마찬가지였다. 남편이든 아들이든 낯선 사람처럼 보이는 이방인에게는 소리치며 폭언을 했지만, 함께 빨래를 개킬 수 있었고 노래를 부를 수도 있었다. '똥'을 곱게 포장해서 '고마움' 같은 것을 표현할 줄 알았으며, 어린 손주들을 보면 언제 그랬냐는 듯이 해맑은 미소를 지었다. 예전 같지는 않지만, 이들은 여전히 보고, 듣고, 맛보고, 느낄 수 있었으며 슬픈 것을 보면 눈물을 흘리고 무서운 것을 보면 두려워 소리치는 사람이었다.

이런 의미에서 이정희의 사례는 우리가 인지증에 접근하는 방식을 돌아보게 한다. 치료와 돌봄이 필요한 질병을 넘어 함께 살아가야 할 실천의 문제로 접근해야 함을 보여주는 것이다. 이정희의 인지증 돌봄은 의료의 언어나 철학의 언어가 아니라 실천의 언어이자 삶의 언어로 다가온다. 당연히 인지증과 산다는 것은 아픈 몸에서 건강한 몸으로 혹은 소위 '비정상'에서 '정상'으로의 회복에 강조점이 있는 것이 아니라 아픈 몸과 사는 삶 그 자체에서 차이를 발견하고 또 다른 사회적 삶의 가능성을 만들어간다는 데 있다. 그래서 인지증은 불치병이 아니라 함께 살아가야 할 또 하나의 삶의 조건이 된다. 테일러가 늘 새롭게 변화하는 자신을 있는 그대로 인정해달라고 요청한 것도 이러한 맥락이다. 인지증이 진행된다고 해도 자신은 껍데기만 남은 인간도, 세상과 떨어져 홀로 사는 인간도 아니며, 세상과 끊임없이 마주하고 상응하며 협상하고 조율하는 과정에서 드러나는 존재라는 것이다.

나는 이정희의 이야기를 통해 제한적이지만 인지증과 더불어 사는 삶의 가능성과 생동력을 발견한다. 이정희 역시 때로 심재인과 김순례를 바라보며 두려움과 무기력함을 느끼기도 했다. 돌봄 과정에서 정신적으로나 신체적으로 소진되어 사라질 것 같은 불안감에 휩싸였던 적도 있었다. 하지만 이정희에게는 이러한 불안감에 머물지 않고 신체적으로 연결 가능한 관계를 만드는 힘 또한 분명히 있었다. 그 힘은 심재인의 익숙한 몸의 움직임과 눈빛, 김순례의 빨래 개기, 노래 부르기, 콩나물 다듬기 등을 통해 서로에게 전이되고 전염되어 한순간에 '고통'의 현장을 '놀이'와 '축제'의 현장으로 바꾸었다. 이정희와 심재인과 김순례가 만든 현장은 새로운 돌봄 관계의 가능성을 보여주었다. 이는 정체하거나 포기하지 않고 미래로 나아가는 움직임이다. 물론 이런 돌봄 관계는 이정희 혼자 해낸 것이 아니다. 심재인, 김순례, 김동호와 무수히 부딪히고 마주치는 과정에서 때로는 우연히 때로는 의도적으로 실패를 거듭하면서 시도한 끝에 발견한 것이다. 여기서 나는 끊임없이 '연결 가능한 돌봄 관계'를 찾으려는 이들의 생의 에너지, 그 힘에 주목한다. 그것은 어떠한 말로도 개념 짓거나 범주화할 수 없으며 상실과 불안이라는 감정이나 정서에 환원되거나 포섭되지도 않는다. 오히려 결정되지 않은 채로 미래에 열려 있으며 자신뿐만 아니라 다른 신체들 그리고 세상과 마주하면서 연결하고자 하는 움직임과 흐름으로 존재할 뿐이다. '정동'이라 불리는 이 힘이, 팬데믹 이후 이 시대의 수많은 이정희, 김순례, 김동호들이 마주하는 암울한 현실과 끝이 없는 돌봄을 또다시 응시하며 분투하게 하는 데 생동력으로 발휘되기를 고대한다.

애도의 시간은 흘러가지 않고 반복된다

이태원 참사가
우리에게 남긴 것들

김관욱
덕성여자대학교
문화인류학과

1주기 첫날, 다시 시작되는 그날

이태원 참사가 발생한지 1주기가 지나고 열흘 째 되던 날 나는 서울광장 앞 희생자 합동분향소로 향했다. 그곳에서 유가족 어머니*와 첫 번째 면담이 예정되어 있었다. 서둘러 나왔지만, 대규모 시위가 진행 중이어서 약속 시간보다 늦게 도착했다. 어머니 역시 급하게 다른 행사에 참여해달라는 요청이 들어와 발언을 위해 곧바로 이동해야 했다. 그렇게 서로의 다급함 속에 분향소 앞 거리에 간이의자를 펴고 앉아 대화를 나누었다.

어머니와 만나기 전, 언제 연락을 할지부터가 고민이었다. 1주기 전후로 몸과 마음이 지쳐 있을 것이라 생각해 한 주가

* 이 글에서는 유가족과 희생자의 이름을 익명으로 표기했다. 또한 개인을 특정할 수 있는 내용은 최대한 배제했다. 같은 이유로 신분을 확인할 수 있는 각종 언론 인터뷰와 자료집의 출처를 직접 표기하지 않았다. 이러한 결정을 한 이유는 면담을 진행하며 유가족들이 여전히 희생자를 향한 2차 가해를 걱정하고 있음을 확인했기 때문이다. 다만 글에서 소개한 내용과 인용문들은 철저히 사실을 기반으로 작성했다.

지난 뒤에 연락을 드렸다. 이쯤 되면 그래도 괜찮지 않을까 하고 말이다. 그러나 차가운 길 위에서 처음 건넨 질문의 답변을 듣는 순간, 내가 큰 착각을 했다는 사실을 깨달았다. 내가 '이쯤이면 괜찮지 않을까' 하고 생각했던 물리적 시간의 흐름은 애도의 시간에는 통하지 않는 개념이었다. 유가족에게 애도의 시간은 흘러가는 것이 아니었다. 그것은 참사 1주기 첫날부터 다시 시작되고 있었다.

> "제 마음이 이렇게 힘든지 몰랐는데 이제 참사 당일부터 작년 그대로 다시 제 매일매일이 같더라고요."

어머니는 참사 후 1년하고 10일이 지난 시간을 살고 있는 게 아니었다. 참사 10일째를 그대로 다시 살아내고 있었다. 시간이 지나면 적응되고, 차차 잊힐 것이며, 모든 일이 잘 해결될 거라는 주변의 위로는 어떻게 보면 그들이 잊고 싶음을, 더 이상 공감하기 어려움을 에둘러 표현한 것 아닐까 싶었다. 사회가, 정부가, 처벌받아야 할 사람들이 가진 가장 큰 무기가 혹시 시간은 아니었을까. 마치 바다의 거친 파도처럼 시간이 모든 진실을 덮을 것이라 기대한 것은 아닐까. 하지만 애도 앞에 시간은 흘러가지 않고 반복되고 있었다.

대화를 하면서 어머니에게 변한 것은 시간이 아닌 공간이라는 점을 깨달았다. 1년 전 세상을 떠난 딸은 시간이 지나면서 점점 멀어지고 사라지는 존재가 아니었다. 딸은 지금 다른 공간, 무지개다리 저편에 머물고 있거나 먼 나라에 떠나 있는 것일 수 있었다. 또는 이제 취직을 해서 직장에 나가 점심을 먹고 있기 때문에 이전처럼 곁에 없다고 생각하기도 했다. 그렇게 장소를 달리하며 동시간대에 함께 숨 쉬고 살아 있는 존재였다. 이렇듯 어머니에게 시간은 흐르지 않았으나 공간은 확장됐다.

어머니는 언론 인터뷰에서 다른 곳에 머물고 있는 딸에게 이런 말을 남겼다.

"하루하루가 우리 딸에게 가까이 가는 길이기에 아프고 힘들지만 살아내고 있어. 얼른 만나자"

이 말처럼 어머니에게 시간의 흐름은 서로를 더욱 멀게 만들거나 잊히게 하는 것이 아니라 멀리 떨어져 있던 서로가 조금씩 가까워지는 일이었다. 딸은 떠났지만 과거로 묻히고 흘러간 존재가 아니다. 같은 시간대, 다른 공간에 머물고 있는 것이다. 즉 존재의 소멸이 아니라 존재의 변신이자 전환이었다. 떠난 사람을 같은 시간 속에 머물게 하는 것. 이것이 애도의 핵심이지 않을까 싶었다. 시간은 단지 애도에 주기를 설정할 뿐이다. 때로는 희생자 159명을 위한 '159 시간' 긴급 행동처럼 애도를 위해 재해석되거나 변형되기도 했다.

많은 유가족의 삶이 주변과 다른 시간 개념 속에서 흐르고 있었다. 그들에게 '기다림'이라는 시간의 배려(시간이 약이다, 기다리면 점차 나아질 것이다는 말)보다 '다가감'이라는 공간의 변화(잠시 멀리 떨어져 지내고 있거나 혹은 먼 곳에 먼저 가 있는 아이들에게 점차 가까워진다는 생각)가 더욱 필요하다는 것을 알게 되었다. 첫 만남부터 이렇게 나의 시간 (개념) 또한 다르게 작동하기 시작했다.

마음속에 슬픔을 담는 새로운 장기가 생겼다

유가족을 처음 만난 이후 내게는 습관이 하나 생겼다. 얼굴 마주하기다. 희생자 개개인을 159명 숫자 속 하나가 아닌 고유한 모습으로 기억하고 싶어서다. 얼굴을 보면 그때부턴 희생자가 아닌 지인이 된다. 그렇게 되면 커다랗고 뭉뚝한 슬픔의 감정에도 세세한 얼굴이 생기기 시작한다. 물론 처음부터 얼굴을 마주할 용기를 낸 것은 아니었다. 오히려 면담을 나눈 뒤 떠나간 이들의 얼굴을 마주하기가 두려웠다. 그 아픔의 무게를 감당할 수 있을까? 자신이 없었다.

처음으로 희생자의 얼굴을 온전히 마주한 것은 두 번째 면담을 마친 후 수일이 지나서였다. 그렇게 마주한 얼굴들은 하나같이 너무나 환하게 웃고 있었다. 희망과 기쁨 이외에는 다른 단어를 떠올릴 수 없는 모습이었다. 만일 그 모습을 한순간에 볼 수 없게 된다면 그 심정이 어떠할지 상상하기 어려웠다. 실제 참사로 딸을 잃은 어느 아버님은 딸이 한순간에 "연기처럼" 사라져버렸다고 말했다. 아침까지 밝게 인사를 나누었는데, 저녁 이후 순식간에 사라져버린 것이다. 너무나 비현실적인 상황에 슬픔의 충격은 더욱 클 수밖에 없었을 것이다.

그래서일까. 한 유가족은 상실의 아픔을 마음속에 새로운 '장기(臟器)'가 생겼다는 말로 표현했다. 그 장기 속에 슬픔이 고인 채 마르지 않고 지속된다고 말이다. 남은 가족들끼리 집 안에서든, 밖에서든 함께 매일 찾아오는 슬픔과 마주했다. 그 슬픔을 감당하기 어려운 유가족은 참사 후 한두 달간 저녁마다 술에 기대어 밤을 견뎌냈다. 또 다른 유가족은 마치 의례처럼 마음껏 울 수 있는 시간을 정해 숨지 않고, 서로의 앞에서 눈물을 함께 흘렸다고 했다. 쉬지 않고 울고, 걷고, 말하고, 외치고, 마시지 않으면, 견디기 어려운 시간들을 겪고 있었다.

이러한 아픔들은 1주기를 맞아 출간된 생존자와 유가족의 증언집[1]과 아래에 발췌한 여러 기사들에서도 확인할 수 있다. 이들의 이야기 속에는 여러 감정들이 드러나 있었다. 그렇게 분출된 감정들은 비슷한 모양새를 지니고 있었다.

"가족을 잃은 슬픔은 시간이 흘러도 사라지지 않는다는 걸 알게 됐다", "마음이 먹먹해져 일부러 다른 생각을 하려 했다"

"유가족들이 진상규명을 이렇게 간절히 외치는데 어떻게 책임지는 사람은 단 한 명도 없느냐"

"가는 딸 안아보게는 해줬어야죠. 그거는 하게 해줬어야 하는 거잖아요"

"분향소에 있으면 관심이 줄어든 것을 확 체감한다"

"늘 딸에게 미안하다", "내가 잘못했든 안 했든 자식 먼저 잃었으면 잘못한 거다", "살아 있는 것 자체가 죄스럽다"

유가족, 생존자, 목격자가 경험한 위와 같은 감정은 크게 네 가지로 묶을 수 있다. 슬픔과 분노, 그리고 무력감과 죄책감이 그것이다. 이 네 가지 감정은 2023년 3월 11일 시작된 기록 보존 활동 '이태원 기억 담기'로 확보된 이태원역에 남겨진 추모 메시지2 속에서도 확인되었다. 그곳에도 추모와 애도의 마음과 함께 미안함, 자책감, 무력감, 분노 등이 고스란히 남겨져 있었다. 증언과 기록뿐만이 아니다. 이러한 감정들은 참사 이후 용산구 자살예방센터 핫라인의 급증한 자살 상담 건수가 방증해준다. 그 감정들을 견디지 못해 실제로 생존자가 159번째 희생자의 길을 걷게 된 너무나 안타까운 일이 발생하지 않았던가.

감정이란 무엇일까. 2차 가해에 힘들어했던 159번째 희생자를 두고 '개인의 굳건함'을 운운했던 정부에겐 감정은 이성으로 통제 가능한 대상이었을지도 모른다. 감정 조절 실패는 나약한 개인의 탓이다. 하지만 마음속에 새롭게 생긴 장기처럼 새겨져버린 슬픔과 죄책감 같은 감정이라면 어떠할까. 그것은 스스로 몸을 조절하거나 통제할 수 없게, 어찌할 도리가 없게 만든다. 그것을 우리는 트라우마 혹은 외상 후 스트레스 장애라고 부르기도 한다. 몸은 피가 아닌 감정의 순환에 의해 움직인다고 말한다면 이는 단순한 비유적 표현이 아닐 것이다. 눈물과 술이 아니었다면 숨을 쉬고, 잠을 청하기 힘들었던 유가족의 삶이 그 증거다.

내가 이러한 감정들에 주목하는 이유는 그 응축된 감정들의 방향성 때문이다. 슬픔과 분노, 무력감과 죄책감은 그저 일반적인 애도 감정이라 치부할 수 없다. 어떠한 감정도 진공 상태에서 홀로 발생하지 않는다. 그것은 마주침과 관계의 결과이자 과정이다. 그 어떤 마주침 속에서도 동일한 감정만이 형성된다면 그것이 바로 트라우마이며, 치유적 도움이 필요한 상태일 것이다. 그런데 참사 이후 1년이 지나도록 유가족들과 생존자들 그리고 그들의 곁에 있는 수많은 지인들과 시민들은 유사한 감정 속에서 헤어나지 못하고 있다. 참사의 시간은 흘러가지 않고 반복됐다.

몸속에 피처럼 순환되는 감정은 또 다른 이름으로도 불린다. 특정한 이름표(슬픔이든 죄책감이든)가 붙기 이전의 상태, 의식에 영향을 받기 전의 상태 또는 "육감"을 정동이라 일컫는다.3 감정을 이렇게 새로운 개념으로 들여다보려는 이유는 기존의 감정 개념을 포기하자는 것이 아니라 "어떤 감정이 가능할지 미리 판단하지 말 것을 요청하는 일"이다.4 정동은 어떠한 감정으로도 응집되고 명명될 수 있는 잠재적 상태를 가리킨다. 미국의 정치학자 윌리엄 코놀리(William E. Connolly)는 어떤 사회의 과거 기억이 그 사회에 속한 개인으로 하여금 특정한 감정만을 반복해 느끼게 만들 수 있다고 보았다. 특히 참사와 같은 과거의 참혹한 기억은 몸에 특정한 "잠재적 기억 (virtual memory)"[5]으로 자리 잡는다. 문제는 감정을 느끼는 데 그치는 것이 아니라 행동(몸의 능력)에 영향을 준다는 점이다. 코놀리는 개인의 행동이 (촛불에 손을 덴 적이 있던 아이가 반사적으로 촛불을 피하듯) 명확한 의식과 기억의 회상이 아닌 몸에 새겨진 과거의 충격이 이끄는 방향으로 감각이 쏠리며, 즉 정동의 경향성(tendencies)에 따라 특정한 감정이 발현된다고 보았다.

마음속에 슬픔을 담는 새로운 장기가 생겼다는 말은 참사 이후 한국 사회 저변에 흐르는 배후 감정의 정체를 시사하는 결정적 증언이다. 물론 모두가 같은 감정을 느낄 수는 없다. 그러나 적어도 참사 곁에서 슬픈 기억을 마주했던 이들에게 한국 사회는 어떤 감정만을 반복적으로 경험하게 만드는 공간이었다. 누군가에게 여전히 '이태원 1번 출구'는 "트라우마 그 자체"다. 유가족들은 2023년 12월 눈 내린 극심한 추위 속에, 해가 가기 전 이태원 참사 특별법을 제정해달라고 호소하며 오체투지를 해야만 했다.[•] 기자회견에서 피해자가 왜 이 같은 고통을 아직도 감내해야 하는지 절규하는 목소리를 들었다. 이들이 마땅히 느껴야 할 '더 나은 감정'은 정말 불가능한 것일까. 왜 이들에게 오직 슬픔, 분노, 무력감만 반복하게 만드는 것일까. 한국 사회에서 이태원 참사는 얼굴도 이름도 없는

1년 전 발생했던 과거의 사고에 지나지 않는 것일까.

분노의 정동에 숨은 피해자의 위치

"보편적이고 본질적인 것처럼 보이는 감정은 특정한 방식의 지향성을 나타내며, 이러한 방향과 '일치하는' 감정은 [자연스러운 인식의] 배경으로 전환된다. 우리는 [사회적으로 적합하다고 간주된 방향과] 일치하지 못하는 감정을 감지하고 이를 위험의 원인으로 지목하고는 한다. 그러나 자동으로 이루어진다고 여겨지던 것은 사실 습관으로 자리 잡은 일련의 기술에 따른 효과이며, 이는 사물의 물질화와 신체적 물질 모두에 영향을 미친다."

– 사라 아메드, 《감정의 문화정치》 중에서[6]

• 2023년 12월 18일 이태원 참사 유가족들은 해를 넘기지 않고 20일 임시국회 첫 회의에서 이태원 참사 특별법(「10·29이태원참사 진상규명과 재발방지 및 피해자 권리보장을 위한 특별법안」)이 통과되기를 호소하는 오체투지 행진을 시행했다. 그렇지만, 결국 해를 넘기고 2024년 1월 11일 여당의 불참 속에 1년 3개월 만에 국회 본회의를 통과했다. 하지만, 여당인 국민의힘은 1월 18일 윤석열 대통령에게 거부권 행사를 건의했다. 그리고 바로 다음날 1월 19일 유가족들은 국민의힘의 특별법 거부권 건의에 항의하며 대통령의 특별법 즉시 공포를 요청하며 대통령 집무실 앞에서 삭발식을 진행했다. 이 모든 노력에도 불구하고 윤석열 대통령은 1월 30일 이태원 참사 특별법에 거부권을 행사했다.

2023년 10월 24, 25일 "진실과 투쟁 그리고 공동체 회복의 과제"를 주제로 이태원 참사 1주기 학술대회가 개최됐다. 이 자리에서 유가족들이 '피해자의 권리' 측면에서 제대로 누리지 못한 것들이 무엇인지 정리한 내용을 들을 수 있었다. 크게 두 가지였다. 첫째, 기본적인 알 권리가 지켜지지 못했고 둘째, 피해자를 자연인 한 사람 한 사람으로 존중하여 추모하고 애도할 권리가 지켜지지 못했다.[7] 유가족들은 참사와 관련하여 '아무런 연락을 받지 못했다'는 점에 분노했고, 희생자들을 두고 '마약 이야기' 운운하며 부검을 언급했다는 사실에 격노했다.[8] 생때 같은 가족의 죽음 앞에 분노하는 것은 당연한 일이다. 그렇다면 이 분노를 단순히 '피해자의 당연하고 자동적인 감정의 표현' 정도로 여기는 일은 과연 합당할까. 나는 오히려 이들의 분노 감정과 이것을 초래하는 상황이 피해자들을 (그것이 정치적 목표이든, 금전적 목표이든 간에) 특정한 의도를 지닌 불순한 집단으로 내몰지는 않을까 의구심이 들었다. 그 같은 혐오의 시선 앞에 남은 선택지는 순응과 침묵 밖에 없을 것이다. 분노를 해도, 침묵을 해도 결국 비난과 마주하게 되는 함정에 빠진 셈이다.

우선 나는 유가족을 분노케 만든 이유에 주목했다. 이는 유가족의 표현처럼 그동안 우리가 '상식'이라고 여겼던 보편적 기준으로 볼 때 현 정부의 대처는 도저히 용납할 수 있는 수준이 아니다. 문화연구자 정원옥의 지적처럼 참사 이전에 국가가 부재하여 충분히 예방 가능했던 "사고(accident)"가 벌어졌고, 참사 직후에는 국가가 적극 개입하여 "사건(incident)"이 발생했다.9 참사 직후 유가족들이 서로 모이는 것을 차단하고 알 권리를 통제하는 일이 너무나 "신속하고 일사불란하게" 진행됐다.10 또한 참사 발생 후 12시간이 채 지나기 전에 국가 애도 기간이 선포되고 모든 행사가 전면 중단됐다. 여기에 유가족과의 상의도 없이 이름과 영정사진 없는 분향소가 재빨리 마련됐다. 이렇게 "애도의 시공간을 국가가 점유"하는 '관제 애도'를 통해 참사는 사고로, 희생자는 사망자로, 진상규명은 보상으로 프레임화됐다.11

분향소 앞에서 면담을 나누었던 유가족은 당시 정부가 만든 '마약 사용자'라는 범죄자 프레임과 언론을 통해 형성된 '놀러갔다 죽은 사람들'이라는 사고 프레임이 현장을 기억하는 생존자들의 증언을 가로막았다고 회상했다. 이로 인해 참사 직후 생존자들은 2차 가해가 두려워 증언을 꺼렸다. 당시에는 피해자의 정동이 어떤 감정으로 발현될지 '미리' 결정되어 있는 듯했다. 어느 유가족은 정부가 세월호 참사를 겪으며 학습한 결과, 국민이 유가족에게 공감하거나 연대하려는 시도를 철저히 차단하려한 것은 아니었는지 의심했다. 참사 직전까지 무려 120건의 112 신고가 있었다. 마약 단속을 목적으로 현장에 50여 명의 사복경찰이 있었다는 증언도 등장했다. 여러 객관적인 정황이 정부의 관리 소홀로 인한 참사라는 것을 가리키는데, 정부와 언론은 참사의 원인을 희생자의 개인적인 잘못으로 몰고 갔다. 유가족들은 이 믿을 수 없는 상황에 분노했다. 아래 증언은 이 같은 분노가 어떠한 감정 정치의 맥락 속에 놓여 있는지를 고민하게 한다.

"'우리 아이들은 놀러 가서 죽지 않았다. 우리 아이들은 마약하는 애들이 아니다'라는 것을 자꾸 저희가 뭔가 거꾸로 설명해서 뒤집어야 될 것 같다는 그런 생각 때문에 당시에는 너무나 화가 나고 힘들었다. 1년이 지난 지금은 온전하게 우리 아이들은 이런 사람들이었다고 기억해주었으면 싶다."

이 증언에서 주목할 부분은 바로 '거꾸로'이다. 이 말은 피해자인 희생자, 유가족, 생존자가 오히려 정부와 시민들에게 자신들이 '진짜 피해자임'을 입증해야 하는 '뒤집힌' 상황을 명확하게 표현한다. 한 유가족은 이러한 '놀러 갔다'라는 낙인 씌우기 때문에 자신의 아이가 이태원에 '회사 일 때문에' 갔다고 은연중에 해명하고 있었음을 뒤늦게 깨달았다고 언급했다. 이후 유가족들이 '왜 갔는지'가 아니라 '왜 돌아오지 못했는지'에 집중해달라고 목소리를 냈지만, 초기에 퍼진 낙인은 두고 두고 상처를 남겼다.

그에 반해 왜 참사를 막지 못했는지 입증해야 할 의무가 있는 정부는 그때부터 지금까지 유가족의 이야기를 듣지 않으며, 되레 유가족에게 피해자임을 입증할 것을 요구하는 위치를 고수하고 있다. 철저한 진상규명과 재발방지의 책임은 정부에 있음에도, 이를 지속적으로 요구하는 것은 정부가 아닌 유가족이었다. 가해자와 피해자의 위치가 뒤바뀐 형국이다. 이 같은 전복된 위치성은 어떻게 구성된 것일까. 나는 여기서 영국의 여성학자이자 문화연구자인 사라 아메드(Sara Ahmed)의 "정동 경제" 논의에 주목하고자 한다.[12] 그는 정동이 대상에 실증적으로 내재하는 것이 아니라 순환에 따른 효과로 생산된다고 본다. 나아가 '정동의 순환(교환)'에 의해 특정한 정치적 목적과 가치가 생산된다고 주장한다. 예를 들면, 희생자를 혐오하는 감정이 온라인 사용자 사이에 유통되면서 '혐오'라는 감정의 정치적 가치가 점차 확장되어 간다. 이렇게 생긴 혐오 감정은 혐오 대상자가 피해자임에도 오히려 타인에게 혐오 감정을 초래하는 '가해자'로 받아들이게 만든다. 즉 피해자를 왜 혐오스럽다고 느끼게 됐는지 그 근본적 원인은 들여다보지 않고 '혐오'라는 감정을 유발했다는 사실에만 집중하여 '가해자'로 둔갑시킨다. 아메드는 이렇게 정동이, 특정 감정의 정치적 행위성을 발휘한다고 강조한다.

이태원 참사의 경우는 어떠한가. 정부는 특정 프레임을 통해 유가족들과 시민들의 정동을 특정한 감정(분노, 혐오, 증오 등)으로 응축되게 유도했고, 그 감정이 집단 안뿐 아니라 집단 사이에서 순환(교환)하게 만들었다. 이것은 정부가 참사를 사건이 아닌 사고로, 희생자가 아닌 사망자로, 진상규명보다 보상으로, 실명이 아닌 익명의 군중으로 프레임을 형성하면서 시작됐다. 이에 더해 미디어와 소셜네트워크서비스가 만들어낸 '마약 사용'이나 '놀러 갔다 죽은 사람들'이라는 프레임도 큰 역할을 담당했다. 이 두 가지 프레임은 피해자 측이 무책임한 정부에 분노하는 동안, 다른 시민들은 놀다가 당한 사고에 국민의 세금을 낭비하게 만드는 유가족에게 분노하게 만들었다. 이를 통해 정부는 유가족협의회의 분노 뒤 무기력과, 시민들의 혐오 뒤 무관심을 얻어내기에 이른다. 이러한 부정적 감정이 발현하고 순환하는 사이 정부가 원했던 대로 참사의 실질적 원인은 무엇 하나 제대로 밝혀지지 않은 채 지나가버렸다.

아메드가 정동 경제의 정치학에서 가장 큰 문제로 지적하는 것은 바로 '정동의 역사성 소실'이다. 특정한 정치적 목적을 위해 형성된 감정은 시간이 지난다고 해서 지워지지 않는다. 아메드는 "지워지는 것은 (…) 감정이 아니라 감정이 생산되고 '만들어지는' 과정"이라고 강조한다.[13] 시간이 흘러가면 지워지는 것은 참사의 슬픔도, 분노도 아니다(이것은 반복될 뿐이다). 오히려 그렇게 내몰린 감정들이 '어떻게 만들어졌는지'를 망각한다. 우리에게 필요한 것은 이제 참사가 초래한 일상적 정동에 "역사를 부여하는" 일일 것이다.[14] 슬픔과 분노, 무력감과 죄책감에 휩쓸려 머물지 않고 그 감정의 배후에 어떠한 폭력이 숨겨져 있는지 역사적 계보를 파헤쳐야 한다.

존재 자체로 위로가 되는 곳, 분향소

감정의 원재료로서 정동을 감정과 구별 지어 논의하는 이유는 감정을 내재된 것으로 미리 판단하지 말자는 의미다. 유가족들과 생존자들은 평생 슬픔과 분노, 무력감과 죄책감만을 느끼며 살아가는 것이 아니다. 그럼에도 마치 '진짜' 피해자다움(victimhood)이라는 것이 존재한다는 듯, 또한 그것에 걸맞는 감정이 존재한다는 듯 기쁜 일이 있어도 마음껏 웃지도 못하는 일상이 강요되기도 한다. 실제로 많은 유가족이 참사 후 '가만히 앉아만 있어도 힘든 감정의 상태'에 빠져 있었다. 그 이외의 감정은 허락되지 않은 듯했다. 이런 그들에게 존재 자체만으로 위로가 되는 장소가 생겼다. 바로 분향소다.

나와 만나 이야기를 나눈 유가족들은 하나같이 참사 직후 한동안 뉴스를 보거나 사람을 만날 수 없을 정도로 힘든 날들을 보냈다고 털어놓았다. 이후 자녀의 죽음이 단순 사고가 아닌 사건임을 알게 되면서 가장 먼저 찾은 것이 다른 유가족이었다. 그렇게 유가족들은 2022년 11월 5일 민주사회를 위한 변호사 모임을 통해 처음 만나, 11월 22일 첫 유가족 기자회견 이후 12월 10일 유가족협의회를 창립했다. 이후 12월 14일 녹사평 분향소를 설치하고, 2023년 2월 4일 서울광장 분향소를 설치한다. 분향소는 유가족에게 세 가지 다른 '마주침(만남)'의 장소이자 하나의 '연결고리'였다. 다른 유가족과의 만남, 영정 사진 속 자녀와의 만남, 그리고 시민과의 만남이었다. 특히 분향소는 어떠한 감정도 감출 필요가 없는 공간이었다. 그곳에서 다른 유가족들과의 만남은 그 자체로 위로가 되었다. 실제로 정부의 심리 지원보다 "치료에 (…) 유가족을 만난 게 가장 도움"이 되었다고 증언한다.[15]

분향소 현장에서 유가족들은 꼭 자녀의 이름을 붙여 서로를 불렀다. 그곳은 "칭찬하든 흉을 보든 우리 아이들 이야기를 실컷 할 수" 있는 장소였다. 물론 처음 설치했던 녹사평 분향소에서는 위로의 목소리만 들린 것은 아니었다. 장소가 좁고 외지기도 했지만, 분향소 바로 앞에서 신자유연대가 고성을 지르며 유가족을 비방했다. 특히 추모 행사가 있을 때면 확성기로 혐오 발언을 틀어대는 통에 유가족들은 극심한 고통과 좌절감을 온몸에 뒤집어쓸 수밖에 없었다. 추모 미사가 열린 성탄절에는 한 유튜버가 〈울면 안 돼〉라는 캐럴을 틀기도 했다. 그런 어려움과 고초가 동반되었던 곳이지만, 녹사평 분향소는 처음으로 시민들의 위로와 격려의 말을 직접 들을 수 있는 공간이었다. 실제로 지나가던 시민들이 곳곳에서 '힘내세요'라며 외칠 때 어느 유가족은 "형용할 수 없는 감정의 파도가 이렇게 저한테 몰아치는 것" 같았다고 회고했다.[16] 이처럼 시민들과의 대면은 그동안 2차 가해가 두려워 시민들을 멀리하려 했던 유가족의 마음 또한 열어주었다.

분향소의 위치가 녹사평에서 서울광장으로 바뀌면서 장소가 지닌 위로의 힘은 배가 되었다. 애초엔 2023년 2월 4일 이태원 참사 100일 시민추모대회를 맞이하여 광화문 광장에 분향소를 설치하려 했다. 하지만 당일 경찰이 광화문 광장에

차벽을 세우면서 급하게 시청 앞 서울광장에 분향소를 설치할 수밖에 없었다. 내가 만난 유가족은 그날 경찰과 치열한 몸싸움으로 어려움을 겪었다며 당시 광화문 광장 인근에 경찰기동대 3천명이 배치되었는데, 그 인원이 이태원 참사 당일에는 무엇을 했는지 되묻기도 했다. 그렇게 설치된 서울광장 분향소는 녹사평의 것과 달리 마음이 편한 곳이었다. 넓게 트인 서울광장에는 시민들이 가족과 함께 방문하는 일이 잦았으며, 유가족에게 따뜻한 말을 건네기도 했다. 마음을 괴롭혔던 신자유연대도 사라졌다. 분향소는 이제 유가족들에게는 "생명의 장소", "살아갈 힘을 주는 장소"였다.[17] 많은 유가족이 서울광장 분향소에 있는 것이 집에 머무는 것보다 마음이 편하다고 증언한다. 분향소는 어떤 유가족에게는 하루 종일 살다시피 할 정도로 오래 머무르는 집과 같은 곳이었다.

이태원 참사는 장소가 지닌 정동적 분위기(affective atmosphere)를 생각해보게 한다. 이태원이라는 장소 자체가 핼러윈, 클럽, 외국인, 트랜스젠더, 성소수자 등으로 상징되는 곳이며, 소위 '서양 놀이 문화'에 빠진 이들이 놀러가는 곳으로 쉽게 폄하된다. 물론 디아스포라, 서브컬처, 퀴어 등 여러 이질적이고 다양한 것들이 공존하는 공간으로도 여겨지기도 한다.[18] 하지만 이태원 참사 당시 손쉽게 '놀다가 죽은 사고'로 여론이 확산될 수 있었던 데에는 이태원이라는 장소에 대한 부정적 인식이 일정 부분 영향을 주었을 것이다.

그런데 서울광장 분향소라는 '장소'는 그와는 다른 의미의 정동적 마주침을 형성한다. 그곳에는 같은 아픔을 공유한 유가족과 생존자와 자원봉사자, 위로를 건네는 시민들이 형성한 긍정의 정동이 흐른다. 이 장소에 긍정의 정동이 형성된 이유는 무엇일까? 나는 "희생자의 얼굴, 수백 개의 시선이 지켜보고 있기 때문"이라는 정원옥의 말에 힌트가 있다고 생각한다.19 애도의 정치 관점에서 영정 사진은 가장 강력한 효과를 지닌 시각적 도구다. 철학자 에마뉘엘 레비나스의 '타자 윤리학'의 관점에서 희생자의 얼굴과 마주하는 것은 곧 "타자에 대한 책임으로 나 자신을 위치"시키고, 동시에 "타자의 얼굴에서 나는 나 자신을 주체로 확인"하게 한다.20 나 역시 서울광장 분향소에서 희생자의 얼굴들을 차근히 마주하는 순간, 여러 감정이 교차하는 것을 경험했다. 마치 새로운 친구를 소개받는 듯한 느낌이 들었다. 마음속으로 짧은 인사와 대화를 나눈 이도 있었다. 나와 면담을 나눈 유가족 중에는 녹사평에 처음 분향소를 설치할 때 경황이 없어 자녀의 취업 준비용 사진을 제출한 분이 있었다. 그 사진을 보면서 "정말(진짜) 우리 아이가 없구나"하는 생각이 자꾸만 들어 서울광장으로 옮길

때 "표정이 제일 자연스럽고 예쁘고 이런 사진"으로 바꾸었다고 한다. 생생한 얼굴을 보며 마치 곁에 있는 것처럼 느끼기 위함이 아니었을까. 그렇게 부모로서의 위치를 다시금 확인하면서 말이다.

아메드는 희망을 "가능성에 대한 감각"이라고 소개한다.[21] 그 감각을 시민들은 분향소에서 경험했다. 유가족들은 녹사평 분향소에서 49일 추모제를 함께 하며 "서로가 같은 마음으로 무언가를 하는 것이 큰 힘이 된다"는 것을 실감했다. 이런 경험은 첫 번째 유가족 간담회 때부터 쭉 이어졌다. 한 유가족은 열 가족 정도가 모인 간담회 자리를 다음과 같이 회상한다.

"이상한 경험을 했어요. (…) 처음 보는 사람이 처음 듣는 아이의 이야기를 하는데 너무 눈물이 많이 나는 거예요. (…) 위로를 하고 한마디 던지는 게 그게 그렇게 가슴에 와 닿을 수가 없었어요."[22]

나 역시 유가족들과 대화를 하면서 그들이 분향소에서 만난 시민들로부터 얼마나 많은 위로와 힘을 받았는지를 수차례 확인할 수 있었다.

상징으로 가득 찬 애도의 일상

참사 현장과 이후 이어진 다양한 행사 장소뿐 아니라 유가족들의 일상에는 예외 없이 상징으로 가득 차 있다. 서울광장 분향소에 조형물로 전시되어 있는 기억 상징물 '별'이 대표적이다. 별 모양은 희생자한 사람 한 사람이 저마다 '우주'이며, 모두 별이 되었다는 의미로 정했다고 한다. 또한 별의 색깔은 "핼러윈 축제의 상징인 호박의 주황색, 애도가 담긴 보라색"으로 이루어져 있다.[23] 159명이라는 희생자 수는 도보 행진의 거리로(159킬로미터), 비상 행동의 기간으로(159시간), 기자회견의 시간으로(1시 59분), 시민 참여자의 수로(159명), 식사 기부의 수치로(159명 식사 기부) 끊임없이 기억됐다.

내가 목격한 가장 중요하고 강렬한 상징은 바로 세상을 떠난 가족들 자체였다. 앞서 많은 유가족이 분향소에서 다른 유가족과 시민과 영정사진을 마주하며 형언할 수 없는 감정의 파도를 느꼈음을 소개했다. 그 감정의 파도는 산 자와 죽은 자의 마주침에 의해서도 가능했다. 생명을 경계 삼아 정동의 잠재성을 '미리' 제한해서는 안 된다. 생사를 초월한 정동적 마주침의 무대는 분향소가 아닌 바로 '꿈속'이었다. 아이를 떠나보낸 뒤 두 달간 술에 의지해 지내던 어느 유가족은 2023년

봄, 반갑게도 꿈에 아이가 나타나는 경험을 한다. 꿈에서 만난 아이에게 유가족은 "우리는 네가 너무 보고 싶은데, 너는 어떤지" 물었다. "보고 싶지만 괜찮아"라는 아이의 대답은 꿈속일지라도 유가족에게 커다란 위로를 안겨주었다.

이와 비슷한 서사는 다른 유가족에게서도 적지 않게 확인되었다. 한 유가족은 "(생존자) 친구와 딸이 같이 치킨을 먹으면서 즐겁게 웃는 꿈"을 꾸었는데 자신이 혹시 이태원에 함께 있던 친구를 원망할세라 딸이 꿈에 나타나 "다 괜찮다고 이야기하는 것처럼" 느꼈다. 또 다른 유가족은 딸이 꿈속에 나타나 "엄마 나 왔어"하며 집으로 들어왔다고 한다. 그렇게 꿈속에서라도 자신에게 돌아와 준 딸이 너무 고맙고, 딸을 만나 기뻤다. 사랑하던 남동생을 떠나보낸 어느 유가족은 "꿈속에서 너의 모든 흔적을 찾으며 그리워 서럽게 울고 있으니 네가 옆에 서서 울지 말라고 엄청 예쁘게 웃어주더라"라는 기록을 남겼다. 동생이 떠난 지 101일째 되던 날에 꾼 꿈이었다. 꿈은 이렇게 유가족에게 새로운 삶을 살아갈 힘을 불어넣어 주었다. 물론 반대의 경우도 있었다. 동생이 꿈에 나타날 때마다 이태원에 가면 사고를 당하니 가지 말라고 애원하는 꿈을 반복해 꾸는 등 참사 트라우마로 밤마다 악몽을 꾸는 유가족도 있었던 것이다.

꿈 이외에도 유가족들은 또 다른 상징을 통해 떠나간 이들과 마주할 수 있었다. 생전에 머물던 방, 사용하던 물건, 사진, 기록물, 방이나 옷에 밴 냄새, 좋아하던 음식들, 버킷 리스트, 그리고 이름 그 자체 같은 것들이 대표적이다. 방안에 들어가 마치 딸이 또는 동생이 있는 듯 대화를 나누고 의견을 묻는 사례들("제가 아이 방에 들어가서 아이한테 물었어요", "누나 오늘은 여기서 잔다"), 생전에 아들이 신던 신발을 신고 나가 행진을 하며 "오늘은 엄마하고 같이 걷자"라고 말했던 사례, 떠난 이의 냄새가 날아갈까 봐 방문과 창문을 열지 않고 있었다는 사례, 삼우제 때 딸이 좋아하던 음식(마라탕, 샌드위치 등)을 준비해가서 대화를 나눴다는 사례, 모교에 기부하는 것이 자녀의 버킷 리스트였기에 이를 실천한 사례, 그리고 떠나간 언니가 곧 종교이기에 항상 언니의 이름을 부르며 기도를 하는 사례("언니 나 잘할 수 있겠지?") 등 정말로 다양한 실천들이 있었다. 이 상징적 실천들은 떠난 이들과 이어지게 하는 연결고리였다.

떠난 이들과 꿈속에서, 혹은 일상의 다양한 공간과 사물 등에서 마주치는 행위는 비이성적이거나 비상식적인 행위가 아니다. 오히려 이와 같은 마술적 상상력은 종교인류학자 김성례가 지적하듯 오래된 인류의 "치유의 민중적 미학"에 가깝다.[24] 마술적 상상력에 기반한 의례와 종교는 결국 뜻밖의 죽음을 받아들이기 위한 불가피한 '설명 모델'일지도 모른다. '왜' 죽었는지, '어떻게' 죽었는지에 납득할만한 현세의 답을 얻지 못했을 때 상상력은 현실을 대체하기 마련이다. 질병과 죽음과 같은 각종 불행을 다룬 모든 인류학적 연구들이 이를 입증해준다.[25] 면담을 나눈 유가족 중 참사 이전까지 철저히 무신론자로 살던 분이 있었다. 자녀가 떠난 이후 그는 이제 신이 존재했으면 좋겠다고 말한다. 어떤 종교이든, 장소에 구애받지 않고 항상 떠난 아이의 안녕을 기원한다는 그의 모습은 유가족들에게는 이제 흔한 일상이 되어 있었다.

같은 얼굴의 재난 앞에서

이태원 참사 1주기 학술대회 이후 재난 전문가와 이야기를 나눌 기회가 있었다. 2023년 1월 10일 열린 이태원 참사 국정조사 1차 공청회에도 참석했던 그는 재난에 관해 뼈아픈 지적을 했다. "재난은 반복된다. 하지만 같은 얼굴을 하지 않는다. 만일 같은 얼굴의 재난이 반복되면 시스템이 망가진 것이다." 우리는 세월호 참사와 '같은 얼굴'을 한 재난을 서울 도심 한복판에서 목격했다. 누군가의 조롱 섞인 표현처럼 '어떻게 그 좁은 골목에서, 그렇게 많은 사람이, 선 채로 사망할 수 있었는지' 여전히 의문투성이다.

재난에서 가장 중요한 대책은 바로 '예방'이다. 발생하는 순간 이미 대책은 실패한 것이다. 이태원 참사 이후 우린 '같은 얼굴'의 재난을 막기 위해 어떤 예방을 준비하고 있는가. 이번 참사의 경우 일선 경찰과 공무원들에게만 책임을 묻고 있다. 그 과정에서 용산경찰서 계장이 자살하는 안타까운 사건도 발생했다. 결국 제대로 된 증언이 나올 수 있는 모든 길이 막혀 버린 상태라해도 과언이 아니다. 더 나아가 국정조사에서도 목격했듯 생존자와 유가족의 목소리는 1, 2차 청문회 및 1차 (전문가) 공청회가 끝나고 난 뒤 2차 공청회가 되어서야 들을 수 있었고, 그전까지 오직 방청객으로만 참여할 뿐이었다. 그렇게, 가장 중요한 생존자와 유가족의 목소리는 '주변 소음' 정도로 취급받은 채 국정조사는 끝이 났다. 진상규명과 책임자 처벌은 이태원 참사 특별법 제정 이후로 넘겨졌다. 그렇지만 참사 1년 3개월만인 2024년 1월 18일 국회 본회의를 어렵사리 통과한 특별법은 1월 30일 대통령 거부권 행사로 그 빛을 잃었다.

1주기 학술대회는 다른 나라의 여러 재난 사례들을 중

심으로 재난 이후 어떤 사회를 만들 수 있는지 그 무한한 가능성과 한계를 논의하는 자리였다. 재난은 반복될 수밖에 없다. 따라서 재난을 아예 막을 수 없다면, 결국 '사회의 재난 회복력(disaster resilient society)' 강화가 중요하다. 재난 회복력을 강화하기 위해선 지역사회와 시민 공동체의 참여가 필수불가결하다. 그러나 유가족은 여전히 애도할 기회를 박탈당한 채 슬픔의 정동에서 온전히 벗어나지 못하고 있다. 정부와 언론이 만든 프레임 때문에 피해자인 유가족이 되레 가해자로 둔갑하는 억울한 상황마저 벌어지고 있다. 희생자 추모 위령제(49재)가 치러지기 4일 전 스스로 목숨을 끊은 159번째 희생자가 발생했다는 사실은 우리 사회의 재난 회복력이 매우 불안정하다는 증거다.

여러 자료를 검토하던 중 10·29 이태원 참사 유가족협의회 대표가 방송에서 인터뷰를 마치며 생존자들을 향해 간곡히 부탁하는 장면을 보게 됐다.

"생존자 여러분들이 잘못된 선택을 하면 우리 유가족들은 또무너집니다. 제발 그러지 않기를 정말 진심으로 빌고요. 정말힘들고 어려우면 저희를 찾아오십시오."

분명 159번째 희생자의 죽음 이후, 그를 포함해 수많은 유가족과 생존자분들의 가슴이 무너졌을 것이다. 그가 '제발 그러지 않기를'이라 말하며 호흡과 목소리를 천천히 가다듬는 장면에서 그의 감정이 내게 오롯이 전달됐다. 그 감정은 슬픔과 무력감과 다른, 굳은 다짐과도 같았다. 분향소 앞에서, 혹은 인근에서 유가족들을 만나 이야기를 나누다 보면 이렇게 호흡과 목소리를 가다듬는 모습을 자주 마주했다. 그 순간 나 역시 헛기침을 하며 물 한 모금에 숨을 고르며 시선을 가다듬어야만 했다. 하지만 그건 온전히 슬픈 감정 때문만은 아니었다. 여전히 현실에 희망이라 말할 수 있는 뚜렷한 변화는 아직 없었지만, 유가족들이 꿈속에서 떠나간 이들로부터 위로를 받듯 나 역시 그들의 무너지지 않으려는 모습 속에서 위로와 함께 왠지 모를 희망을 느꼈다.

이제 겨우 1주기가 지났다. 앞으로 시간이 흘러 2주기, 3주기를 맞이할 때 우리는 어떤 사회에서 살아가고 있을까. 당연히 지금 겪고 있는 참사의 아픔이 아물기를 바라며, 그 어떤 참사도 또다시 발생하지 않기를 바랄 뿐이다. 그렇지만 시간은 참사가 남긴 '감정'을 잊게 해주기보다 그것이 발생한 '과정'을 지워버린다고 하지 않았던가. 최악의 경우 우린 왜 그토록 많은 시민들이 평범한 일상을 보내다 연기처럼 한순간에 사라졌는지 그 이유를 망각하고, 그저 형식적인 애도의 시간만 반복해서 마주할지도 모른다. 해답은 결국 우리가 얼마나 참사의 원인을 명확히 파악하고 기억하려 노력했는지에 따라 달라질 것이다.

　마지막으로 참사를 기억하는 방식에 관한 인상 깊었던 만남을 소개하려 한다. 한 유가족은 아이의 삶이 오로지 참사 희생자로만 남지 않았으면 좋겠다며, 이태원 참사 이전의 삶을 사람들이 기억해주기를 바랐다. 참사가 만든 그들의 모습이 아닌, 그들이 살면서 만든 더 행복했고 찬란했던 순간들 말이다. 물론 참사로 목숨을 잃었다는 것은 잊을 수 없고 잊어서는 안 되는 중요한 사실이지만, 아이의 빛나던 삶 전체를 더 기억해달라는 말이었다. 그러니 시청광장 앞에 놓인 떠나간 이들의 밝은 얼굴과 대면하기를 주저하지 말기를. 마음껏 마주하고 오래 기억해주기를.

기나긴 혁명, 그래서 우리는 계속 걸어갈 것이다

참사 이후
정동의 갈래들

이현정
서울대학교 인류학과

2023년 7월 폭우가 계속되던 날, SNS에 글이 하나 올라왔다.

"세월호 리본을 달고 다니던 청년이 이태원에서 죽었습니다.
이태원 리본을 달고 다니던 청년이 오송 지하차도에서 죽었습니다.
이게 도대체 나라입니까?"

살려주세요!—국가의 검은 공백

팽목항에서 올라온 시신들은 손톱이 까맣게 무디어져 있었다. 문을 긁으며, 유리창을 두드리며, 제발 살려달라고 외쳤다. 이태원의 젊은이들도 다르지 않았다. 밀려오는 인파 속에 숨이 멎는 마지막 순간까지, 살려달라고 목이 쉬도록 외쳤다. 그러나 국가는 부재했다. '검은 공백'이었다.

2014년 5월 2일, 세월호 참사가 발생하고 약 2주가 흐른 뒤 나는 마치 영혼을 어딘가에 빼놓은 사람처럼 휘청거리며 안산으로 달려갔다. 경기도지사가 이 문제를 어떻게 해결하면 좋을지 주변 사람들에게 물었더니 누군가 '전문가'라며 나를 소개했다고 한다. 한참 꽃이 피고 나무가 울창할 5월이었지만, 안산의 공기는 긴장으로 뒤덮여 암울했다. 사람들은 모두 말을 아꼈다. 길거리를 걷는 사람들의 움직임은 아지랑이처럼 현실감이 없었다. 공무원들을 만나 상황 이야기를 들었지만, 어떤 단어도 그 무엇을 요약하거나 정리할 수 없었다. 자리를 옮겨, 안산 체육관에 임시 거처를 만든 안산 트라우마센터를 방문했다. 움직임이 분주했지만 냉랭한 기운이 가득한 그곳에는 오로지 '숫자'만이 떠돌았다. 현재 실종자 수는 몇 명이고, 그중 몇 명이 구조되었으며, 사망한 사람은 몇 명인지……. 칠판에는 숫자들만 그득했다. 전문가의 언어란 도표고 통계였다.

모든 재난을 어떻게 국가가 막느냐고 말한다. 재난은 여러 가지 요인이 복합적으로 얽혀 발생한다. 사회학자 찰스 페로(Charles Perrow)의 말마따나, "현대 과학기술 사회에서는 예기치 않은 작은 실수만으로도 엄청나게 거대한 재난이 벌어질 수 있다"[1] 그래, 어쩔 수 없이 재난이 발생할 수 있으며, 모든 재난을 예측할 수는 없음을 인정하자. 그러나 구조(救助)의 문제는 다르다. 피해자들은 모두 참사 발생 한참 전부터 계속해서, 합리적으로, 우리가 배운 방식들을 사용해 SOS를 외치고 있었다. 이들은 119에 연락했다. 경찰서에 신고했다. 위험하다고 말했다. 그러나 구조되지 못했다.

배 안에서의 마지막 모습을 보관한 휴대전화에는 사진들과 영상들이 담겨 있었다. 나는 그 사진들과 영상들을 보면서 울다가 지쳐갔다. 거기엔 아이들의 천진난만한 웃음부터, 배가 기울어지고 물이 차오르는 순간까지의 긴장과 두려움, 친구와 선생님을 걱정하는 목소리, 빨리 오지 않는 해경과 어른들을 향한 욕설, 그리고 엄마와 아빠와 동생에게 남기는 사랑한다는 메시지가 있었다. 그 요청들에 국가는, 어른들은, 응답하지 않았다. 응답(response)할 수 있는 능력(ability), 책임감(responsibility)이 없었다. 신고와 긴급한 도움 요청 이후에, 결국 아무것도 제대로 진행되지 않았다.

이태원도 다르지 않았다. 사람들은 상황이 발생하기 전후에, 무려 120번 넘게 위험을 인지하고 도와달라고 외쳤다. 그런데, 왜 국가는 반응하지 않았을까? 두 참사는 다르지만, 적어도 한 가지 면에서는 똑같다. 분명히, 위험하다고, 빨리 와서 문제를 해결해달라고 국민이 외쳤는데, 그것도 수십 번, 수백 번 외쳤는데, 국가는 무시했다. 늑장을 부렸다. 왜 그랬을까? 어째서 재빨리 알아보지 않고, 당장 뛰어오지 않았을까?

재난을 연구하는 인류학자라는 이유로, 그리고 '세월호'가 반정부의 표식이 되어버려 유가족의 의견을 대변할 사람이 없다는 이유로, 나는 각종 자문회의와 조사위원회의 논의에 참석했다. 그곳에서 내가 목격한 것은 양분된 한국 사회였다. 한 편에는 국가를 생각한답시고 경제 논리를 들이미는 사람들이 있었다. 그들은 모든 것을 '돈'으로 보았다. 진상규명도, 선체 조사도, 피해자의 회복도, 심지어 이후의 재발 방지 노력마저 모두 '돈'이었다. 국가를 위해 그 '돈'을 최대한 아껴야 했다. 반대쪽엔 무조건 피해자인 유가족의 뜻을 반영하고자 하는 사람들이 있었다. 합리적인 설명이나 논리는 필요치 않았다. 죄는 끝까지 샅샅이 밝혀져 단죄되어야 했다. 피해자의 명예는 회복되어야 했다. 두 집단 사이에 토론은 불가능했으며, 합의는 더더욱 가능하지 않았다. 이 또한 숫자 싸움이었다. 누가 누구의 편을 드는가. 국가인가, 유가족인가.

우리는 세월호 참사에서 승객들을 버리고 떠나간 선장을 떠올린다. 무책임한 나쁜 놈! 그리고 선장과 선원들만을 구조하고, 승객들에게 대피하라는 방송조차 하지 않았던 해경 123정을 떠올린다. 무능한 해경! 그러나 그들 뒤에는 더 많은 '나쁜 사람들'이 존재했다. 우리는 "그날, 국가가 없었다"라고 말한다. 여기서 국가는 막연하고 모호한 실체가 아니다. '국가의 부재'는 추상적인 사실이 아니다. 자신에게 부여된 책임을 다하지 않고, 이기(利己)를 위해 능장을 부리며, 상관 의전에만 몰두하던 공무원들과 구체적인 사실들이 존재한다.

피해자들의 트라우마 치료를 위해, 안산에 트라우마센터가 설치되었고 단원고에는 스쿨닥터가 배정되었다. 그런데 참으로 이상했다. 교육청은 학교와 사회를 엄격하게 구분하고 있었다. 생존 학생들은 재난을 '직접' 겪었다는 이유로 스쿨닥터의 진료를 받을 수 있었지만, 사망 학생의 형제자매들은 같은 단원고 학생인데도 안산 트라우마센터에 방문해야 했다. 유가족들은 생존 학생들만을 위한 정책이라고 항의했다. 안산 트라우마센터와 스쿨닥터의 철벽 같은 구분은, 보건복지부와 교육부 사이의 화합할 수 없는 갈등에 근거하고 있었다. 아무리 전 국민이 울부짖은 참사라도, 공무원들은 자기 몫을 절대로 포기하려 들지 않았다. 공무원들의 영역 싸움 속에서, 재난 이후의 회복마저도 베를린 장벽 같은 견고한 구분 속에 갈라졌다. 생존 학생들이 졸업하자 이제 단원고는 그들을 내팽개쳤다. 더 이상 학교의 관리 대상이 아니라고 했다.

단수가 아닌 복수의 '나쁜 사람들'. 그들이 '나쁜' 까닭은 선천적으로 '악한' 사람들이기 때문이 아니라 자신의 행동이 앞으로 어떤 영향을 미칠지 성찰하지 못하기 때문이다. 가정에서 그들은 따뜻한 아빠, 엄마, 자식일 수 있다. 그들은 쇼팽의 음악을 들으며 눈물을 흘리고, 아프리카 아동을 위해 기부하는 사람일 수 있다. 한나 아렌트(Hannah Arendt)는 '예루살렘의 아이히만'에 주목했지만, 우리 사회에는 '대한민국의 아이히만'들이 존재한다. 이들은 자기가 맡은 일이 누군가 다른 생명을 해칠 수 있음을 고려하지 않는다. 자신의 책임을 남이 대신하리라고 지레짐작한다. 현장 출동에 늑장을 부린다. 윗사람의 눈치를 살핀다. 윗사람에게 잘 보이기 위해 애를 쓴다. 혹시 문제가 발생하면, 자신의 잘못을 감추기 위해 문서를 조작한다. 책임을 물으면, 잘못한 게 아니라 상부의 명령을 따르느라 어쩔 수 없었다고 변명한다. 그렇게 찐득찐득하고 냄새나는, 다수의 '나쁜 사람들'에 의한 국가의 '검은 공백'이 만들어진다.

재난 이후 정동의 양분화

재난의 정동은 양분화된다. 그것은 내가 현장 연구를 진행한 안산 트라우마센터에서도 다르지 않았다. 몇몇 전문가들은 "그게 왜 국가 잘못이에요? 지금 광화문에 나가서 싸우는 유가족들은 제정신이 아닌 겁니다"라고 말했다. 그들의 관점에서, 자식을 잃고 거리로 뛰어드는 유가족들은 '정신적 불구자'였다. 다른 쪽에서는 "우리는 일단 피해자들을 지지해주어야 합니다. 그들은 소수예요. 우리는 그들을 보호하기 위해서라도 함께 싸워야 합니다"라고 말했다. 이렇게 말하는 이들은 유가족이 환자인지 아닌지를 판단하기보다는, 그들의 마음을 위로해주는 게 우선이라고 생각했다. 재난의 정동은 전문가들조차 양분시켰다.

유가족, 생존자, 잠수사, 어민 등 다양한 피해자부터 이웃 주민들과 각 부서의 공무원들, 전문가들, 그리고 고위 관료들을 만나며, 나는 이곳 한국의 '공동체'를 생각했다. 재난이 발생했을 때 서로 돕고 위로하며 어려움을 극복해나갈 수 있는 지반으로서 한국이라는 공동체는 어떠한가. 리베카 솔닛 (Rebecca Solnit)은《이 폐허를 응시하라》에서 2005년 허리케인이 뉴올리언스를 강타했을 때 발휘된 공동체의 놀라운 힘에 관해 서술한다.[2] 자발적으로 형성된 공동체의 성원들은 예기치 않은 재난을 맞닥뜨리자 누가 먼저랄 것 없이 서로 필요한 것들을 나누며, 자신의 공간과 재능을 내어주고, 민주적인 방식으로 토론을 진행했다. 재난은 지옥일 수도 있다. 그러나 재난을 맞은 당사자가 어떻게 믿고 행동하느냐에 따라 지옥은 강렬한 기쁨과 사랑, 연대의식을 경험하게 하는 유토피아로 변할 수도 있다.

우리에게도 이러한 경험이 완전히 부재했던 것은 아니다. 세월호 참사가 발생한 뒤, 전국 방방곡곡에서 자원봉사자들이 팽목항과 안산으로 몰려들었다. 그들은 밥차를 운영하며 피해자들에게 따뜻한 국밥을 제공하거나, 주변을 정리하고 빨래를 해주거나, 충격과 슬픔에 잠긴 이들에게 무료 심리 상담을 해주었다. 곳곳에서 옷이며 음식이며 필요한 물품들이 당도했다. 자원봉사자들은 체육관 바닥에 누워 생사를 왔다 갔다 하는 사람들의 옷을 갈아입히고 이야기를 들어주었다. 죽을 떠먹이고, 침을 놓아주고, 함께 기도했다.

공무원들의 더디고 몰지각한 움직임에 답답함을 느낀 실종 학생의 아버지들은 팽목항 현장에 13인의 위원회를 꾸렸다. 그들은 그 자리에서 즉각 토론회를 열어 문제점들을 확인하고, 구조 방향을 결정했으며, 담당 공무원에게 전화를 걸어 요구 사항을 전달했다. 그 전까지 바다에서 건져 올린 아이들의 시신은 아무런 대책도 없이 바닥에 널브러져 있었다. 제대로 된 시신 처리, 이동, 장례 절차에 이르기까지 아버지들이 의견을 모았다. 각 반 대표를 뽑고, 부모들의 이견을 조율했다.

누구의 명령에 따르거나 사전 계획에 의해서가 아닌, 순전히 자발적인 공동체였다. 재난에 맞닥뜨려 문제 해결을 위한 자발적인 공동체를 꾸릴 능력은, 미국 뉴올리언스 사람들과 마찬가지로 우리에게도 있었다.

그렇다면 도대체 언제부터 우리 공동체가 갈라진 걸까? 그것은 참사 피해자들을 향한 비난과 혐오 표현이 나타나기 시작한 시점과 정확히 일치한다. 공동체적 행위와 달리, 비난과 혐오 표현은 자발적으로 등장한 것이 아니었다.

몇 년이 흐른 뒤에야 알게 되었지만, 세월호 참사 이후 청와대는 기무사를 통해 반대 집회에 참여할 수 있는 사람들을 결집해 의도적으로 혐오 표현을 선동했다. 그리하여 어버이연합을 비롯한 보수 집단들이 광화문에서 집회를 열어대고, 세월호 유가족을 향해 '종북 세력'이며 '빨갱이들'이라고 외쳤다. 세월호 특별법 제정을 요구하며 단식 투쟁을 하는 유민 아빠의 천막 옆에서는 일베 청년들이 몰려와 폭식 투쟁을 벌였다. 이정현 당시 청와대 홍보수석은 방송국에 전화를 걸어 언론이 청와대를 보호해야 하지 않겠느냐며 압력을 행사했다. 비난과 혐오 표현은 몇몇 몰지각한 정치인과 시민이 만들어낸 것이 아니었다. 그것은 정치적인 이익을 획득하려는 정치 집단이 언론과 보수 세력을 선동하여 의도적으로 계획한 작전이었다.

오늘날 전 세계적으로 혐오 정치가 주요한 정치 전략으로 사용되고 있다.[3] 기득권이 혐오 정치를 이용하는 까닭은 사회적 약자를 갈라치기하고 서로를 배제하도록 조장함으로써 정치적이고 경제적인 이익을 획득할 수 있기 때문이다. 사회적 약자들이 연합할수록, 그리하여 정치적으로 불만을 터뜨리고 경제 체제에 근원적인 문제가 있다고 외칠수록, 기득권 집단은 위협을 느낀다. 끊임없는 경쟁과 위계 사회 속에서 약자들끼리 싸우도록 만드는, 그야말로 홉스의 '만인의 만인에 대한 투쟁'을 조장하는 방식 뒤에는 이처럼 교묘한 정치적인 의도가 들어 있다.

불평등한 사회에 분노를 품은 사회적 약자들은 기득권의 의도대로 구조적 원인을 생각하기보다 '자기 것'을 위협하거나 억압하는 '타자'를 주변에서 찾고자 한다. 예컨대, 현대 사회의 신속한 변화에 적응하기 어렵고 문화적으로 소외된 노인 집단에게, 배·보상을 받는 세월호 유가족은 자신들의 권리와 이득을 빼앗는 무리로 나타날 수 있다. 자신의 권리와 이득을 빼앗는 '타자'는 '악한' 존재이므로 세월호 유가족을 학대하거나 미워하는 일이 도덕적으로 옳다는 자기기만이 순식간에 이루어진다. 심지어 이 나라(그리고 자기 자신)를 위해서 학대와 혐오는 반드시 수행되어야 할 일이다. 이렇게 '타자'란 무시와 비난을 넘어, 마침내 폭력이 가해지거나 살해되어도 괜찮은 존재로 전락한다. 어버이연합의 노인들이 쉽게 납득하기 어려울 만큼 적극적으로 세월호 유가족 혐오에 나서는 까닭이다.

이러한 논리로 폭력이 가해지거나 살해되어도 괜찮은 존재들, 조르조 아감벤(Giorgio Agamben)이 이야기했던 벌거벗은 생명 '호모 사케르(Homo Sacer)'가 우리 사회에 탄생한다.•4 어째서 그들이 호모 사케르일 수밖에 없는지 정당성을 구축하기 위해, 타자는 혐오의 대표적인 표상인 '종북 세력'과 '빨갱이'로 치환된다. 그렇게 역사적인 혐오 대상들과 동일시되면서, 혐오 정치의 메시지는 점점 더 선명해지고 마치 합리적인 판단에 의한 것처럼 작동한다.

주변의 관람자들은 대치하고 있는 혐오와 비난의 전선을 흥미롭게 바라본다. 이것을 카롤린 엠케는 "포르노그래피적 희열"이라고 했다.5 그들은 직접 비난에 참여하지는 않지만, 불난 집을 구경하는 '관람객' 노릇을 자처하며 전선을 정당화

• 호모 사케르란 직역하면 '신성한 인간'이라는 뜻으로, 고대 로마 사회에서 희생물로 바치는 것이 허용되지 않으면서도 죽임을 당하더라도 가해자가 살인죄로 처벌받지 않는 사람들을 지칭한다. 이들은 로마의 평민 의결에서 범죄자로 지목된 자들로, 법적 재판이나 희생 제의 어느 쪽에서도 정의될 수 없는 '예외 상내'에 놓여 있었다. 이들이 이러한 처지에 놓인 까닭은 주권에 의해 배제된 상태, 즉 주권적 추방령 속의 생명이었기 때문이다.

한다. 구경꾼들의 힘을 빌려 혐오 세력들은 기세가 등등해진다. 폭력의 위험을 막기 위해 등장한 경찰은 혐오와 비난을 '당하는' 대상들이 문제라는 듯 오히려 그들을 향해 서 있다. 경찰이 혐오와 비난을 '가하는' 세력에게 주의를 주거나 경고를 하는 모습은 볼 수 없다. 이렇게 공권력은 혐오 세력에 동조한다.

'세월호 유가족' 그리고 '이태원 유가족'. 혐오의 대상이 되는 사람들은 언제나 추상적인 집단으로 나타난다. 그들은 개별 인격체로서의 자격을 잃는다. 혐오 담론 속에서 사람들은 더 이상 개개인의 독특한 역사와 경험을 가진 존재로 형상화되지 않는다. 앞서 이야기한 것처럼, 과거의 익숙한 상징으로 덮어 씌워진 채 그들은 끊임없이 '악인들'로, '배제되어야 할 자들'로, '국가에 해로운 자들'로, '집단'으로 호명된다.

그러나 우리는 언제나 '집단'으로 묶어버리는 방식을 경계해야 한다. 사람의 생명을 집단으로 치환하는 순간 단순한 '숫자'가 되어버리듯이, '유가족 집단'으로 호명되는 순간 그들의 삶과 경험과 고통은 납작해져 버린다. '세월호 유가족'이라는 장막으로 인해, 고령의 시부모를 모시며 아이에게 생선 중간 토막을 한 번도 주지 못했던 엄마의 안타까운 마음은 집단 호명 속에 설 자리를 잃는다. 누구보다 앞장서 박근혜 대통령을

뽑아야 한다고 외쳤던 대구 출신 엄마가 겪는 처절한 후회도, 3대 독자라고 애지중지 아이를 길렀던 아빠의 간절함도, 아이의 입시 학원비를 벌기 위해 밤새 대리운전을 했던 아빠의 고단함도 집단 호명 속에서는 가루처럼 부서지고 만다.

나는 세월호 참사 피해자의 삶을 담은 100권의 구술 증언집을 기획하고 편집하면서, 피해자들의 '이야기'가 이들을 비난하거나 미워하는 사람들의 '이야기'와 놀랍도록 비슷하게 포개지는 장면을 수없이 목격했다. 많은 피해자가 자신이 참사를 겪기 전까지, 이들을 미워하는 사람들과 마찬가지로 다른 재난 피해자들에게, 또 현대사의 안타까운 희생양들에게, 무관심했다. 그들을 자신의 이익만을 좇는 사람들이라고 비난하기도 했다. 선진국으로 향하고 있는 이 나라의 국정이 문제없이 잘 운영되고 있으며, 국가에 문제를 제기하는 사람은 반사회적인 '빨갱이'라고 생각했다. 불행은 우연적이며, 그 우연은 사회가 아닌 오롯이 각자가 감당해야 한다고 여겼다.

하나의 공동체를 꾸렸을 법한, 어쩌면 비슷하게 살아온 사람들이 자기도 모르게 갈라지고 서로를 극단적으로 혐오하고 있는 셈이다. 그 추동력은 정동의 양분화를 통해 이익을 얻는 자들의 냉혹한 정치 전략이다. 결국 우리는 정치 전략의 희생양이다. 세월호 유가족 중 한 분이 진상규명 절차 마련을 위한 서명을 받으며 길거리에서 울부짖던 모습이 뇌리에서 떠나지 않는다. "저도 이 나라가 괜찮은 줄 알았어요. 저도 대통령이 잘하고 계시는 줄 알았어요. 저도 누가 서명해달라고 하면 빨갱이들이나 그러는 줄 알았어요. 여러분들, 저희처럼 직접 겪어보지 않으면 모릅니다. 우리는 지금까지 모두 속아왔어요. 다 거짓말입니다, 피해자들을 고립시키려고 정부가 우리를 속여 온 거예요. 다 거짓말입니다, 다 거짓말이에요!"

무력감과 우울, 해결되지 않는 과제

안산, 광화문, 목포, 팽목항을 쫓아다니며 현장 연구를 하던 중, 문득 우울증이 찾아왔다. 우울증을 연구하는 사람에게 우울증이라니. 나 자신이 한심하게 느껴졌다. 우울증에 걸려서 한심한 게 아니라 나의 지독한 현실적 무지를 깨달았기 때문이다. 수십 년간 대학이라는 공간 속에 갇혀 살면서 공부랍시고 남들 부럽지 않게 했지만, 이 나라가 이 정도로 체계가 엉망이고, 이 정도로 각 부서의 전문가들이 무능력하고 무책임한지 몰랐다. 연구를 진행하면 진행할수록, 발견한 사실이 축적되고 분석이 진행될수록, 무력감과 답답함에 어디론가 도망치고 싶었다. 어째서 이런 일들이 계속 반복되는지 알 것 같았지만 문제를 해결할 길은 도무지 보이지 않았다. 당장 해결할 수 있다고 큰소리칠 수 있는 수준의 일이 아니었다.

세월호 참사 이후 대한민국의 국민은 싸워도 문제가 해결되지 않는다는 것을 몸으로 학습했다. 거꾸로, 국가의 높은 자리에 있는 사람들은 세월호 참사를 통해 반대자의 싸움을 처음부터 원천 봉쇄해야 한다는 것을 영리하게 익혔다. 나는 의문이 들었다. 이태원 참사 이후 대통령이 당시 현장에서 책임을 다하지 못했던 용산구청장이나 용산경찰서장에게 책임을 묻는 것은 매우 간단한 일이었다. 그들의 옷을 벗기면 되지 않는가. 만일 그랬다면 적어도 유가족과 국민에게 상당한 환호를 받았을 것이다. 그러나 이 정부는 그렇게 하지 않았다. 그것은 무엇을 의미하는가? 국민의 반응이란 일절 안중에 없다는 뜻이다.

프로이트에 따르면, "제대로 애도되지 않는 감정은 몸 안에 남아 우울을 형성한다".6 상실의 대상은 충분하고 적절한 애도를 통해 자신의 바깥으로 배출되어야 한다. 그래야만 슬픔의 당사자가 우울에서 벗어나 다시 사회 성원으로 복귀해 보통의 삶을 살아갈 수 있다. 그러나 우리 사회는 참사를 단한 번도 충분하고 적절히 애도한 적이 없다. 그렇기에 국민들은 깊은 슬픔의 찌꺼기를 품에 안은 채 지속적인 우울 속에 살아갈 수밖에 없다. 우울은 우리 몸 안에 독성 어린 병균처럼 자리 잡는다. 그것은 바깥으로 배출되지 못한 채 우리를 갉아 먹고 조금씩 병들게 하고 죽음에 이르게 한다.

죽음의 사회에서 살아가는 사람은 무력감을 체화할 수밖에 없다. 10년 동안 싸웠지만, 무엇 하나 달라진 것이 없는 세상. 스물세 번의 촛불 집회를 통해 정권을 바꾸었지만, 진상규명의 과정은 과거와 변함없고 사건의 책임자들은 아무 일도 없었다는 듯이 버젓이 살아가는 세상. 이러한 세상에서 광화문에 나가서 구호를 외치고 투쟁하는 것이 도대체 무슨 의미가 있을까? 촛불은 형형색색의 번쩍거리는 자본주의의 네온사인 사이에서 너무나 허약할 뿐이다.

2014년에 외쳤던 진상규명과 책임자 처벌의 구호는 이제 목표 없이 허공을 떠돈다. 매일매일 바쁜 일상 속에서 시간을 내어 광장에 나갔지만, 우리가 싸워도 근본적으로 해결되는 건 없다. 국민들은 이제 점차 '하지 않기'를 선택하는 것이 현명하다는 판단을 내리기 시작한다. 아, 죽은 목숨만 불쌍할 뿐이다, 각자도생. 우리는 이제 각자 살아남기 위해 수단과 방법을 가리지 않고 버텨야 한다. 아무런 성과가 없다고 할 수는 없지만, 세월호 참사의 진상규명을 향한 국민의 투쟁은 결과적으로 실패였다. 책임자 처벌은 하지 못했다. 극악한 보수 정권이 들어섰다. 그 정권은 이태원 참사가 국가적 문제라는 사실을 두고 논쟁조차 하려고 하지 않는다. 결국, 이 나라의 윗선들이 승리했다. 그들은 다시 자기 자리를 쟁취했다.

국가는 처음부터 이태원 참사를 정치적인 사안이 되지 못하도록 가로막았다. 이태원 참사 직후 정부는 2022년 10월 30일부터 11월 5일까지를 국가 애도 기간으로 지정했다. 참사 희생자에게 위로금 2000만 원과 장례비로 최대 1500만 원을 지급하기로 했다는 소식도 전해졌다. 정부는 참사가 발생한 용산구를 특별재난지역으로 선포했고, 용산구는 12월 31일까지 구 차원의 애도 기간으로 선언한 뒤 관내 행사나 단체 활동 등을 중단할 것이라고 밝혔다. 발 빠르게 합동 분향소가 설치되었고, 7일간 조기가 게양되었다. 검은 리본이 공공기관과 학교에 배부되었다.

국가가 앞장서서 추모의 유통 기한을 정해놓았다는 것에서부터 이태원 참사를 최대한 탈정치적인 것으로 치환하고자 하는 국가의 정치적 의도를 읽을 수 있다. 책임의 가치는 언젠가부터 이 땅에서 사라졌다. 책임을 통감하는 사람도, 사과하는 자세도, 앞으로 재발하지 않도록 애쓰겠다는 약속도 없다. 그저 벌어진 일일 뿐이고, 운 나쁘게 누군가가 죽었을 뿐이다.

그 죽음이 왜, 어떻게 발생한 것인지 아무도 대답해주지 않는다.

무력감과 우울은 오늘날 한국 사회를 지배하는 가장 강력한 정동이다. 사람들은 너나 할 것 없이 어떻게든 현재의 무기력을 벗어나기 위해 자기계발에 열중하고 살아남기 위해 버둥거리지만, 깊은 내면에 자리 잡은 무력감은 좀체 피하기 힘들고 해소되지 않는다. 이제 사람들은 경쟁과 위계의 자본주의 사회가 절대 변하지 않을 것임을 확신하는 듯하다. 젊은이들은 더 이상 결혼을 하거나 아이를 낳으려 하지 않는다. 자기 한 몸조차 건사하기가 힘들다는 것을 삶 속에서 충분히 체감해왔기 때문이다. 선진국이라지만 노동자의 안전을 고려하지 않아 산업 현장에서 중대 산업재해로 죽어가는 사람의 수만 해마다 800여 명에 이른다. 그들의 죽음은 기억되지 않고 조용히 사그라진다. 이런 상황에서 학생들은 10억 원을 준다면 차라리 감옥에 가는 것이 낫다고 생각한다.[7]

무관심의 정동 이후

무관심은 책임의 반대말이다. 책임(responsibility)은 앞서 말했듯이 '응답할 능력'을 의미한다. 응답할 능력을 지니고 있다는 것이야말로 곧 책임감 있는 삶이다. 세월호, 이태원, 그리고 숱한 재난을 겪으며 우리는 지금까지 책임지지 않는 사람들과 국가를 지속적으로 목격했다. 고통받는 국민의 외침에, 그들은 응답하기를 거부했다. 그들은 들으려 하지조차 않았다. 아무런 외침이 없는 것처럼 두 귀를 막고 두 눈을 감았다. 그리고 청문회에서 듣지 못했다는 말로, 보지 못했다는 변명으로 책임을 내팽개쳤다. 응답할 능력이 있음을 스스로 부정했다. 그렇다면 여기에서 질문해보자. 그들처럼 우리도 똑같이 상황에 응답하지 않는 무책임한 존재로 살아갈 것인가?

무관심은 불신과 체념의 다른 말이다. 무관심을 습관화한 사람은 눈앞에 실재하는 것을 부정한다. 보려 하지 않기에 보이지 않고, 들으려 하지 않기에 들리지 않으며, 따라서 응답하지도 않는다. 참사 이후 고통받는 자들이 울부짖는데도 귀를 닫는다. 우리 사회에서 사고로 죽은 사람이 한두 명이었냐며, 이게 뭐 특별한 일이라도 되느냐며 마치 인류의 고난사에 통달한 듯이 타인의 고통을 물끄러미 관망한다. 무관심을 몸에 체화한 사람은 인간이 만들어온 주체적인 변화들을 부정한다. 고통에 공감하는 이들이 동맹을 맺고 연대하여 구축해온 역사적 시도들이 마치 저절로 이루어진 것처럼, 자신이 그

혜택을 누리고 있다는 것조차 모른 체한다.

그러나 무관심과 책임 중 무엇을 선택할 것인가는, 모든 의미 부여를 차치하고라도, 세계와 대면한 실존적 존재로서 내가 나의 자유를 어떻게 사용할 것인가 하는 삶의 본원적 질문 앞에 우리를 데려다놓는다. 내 앞에 고통받는 존재가 있다. 나는 무엇을 할 것인가? 나는 '쿨'한 태도로 고개를 돌리고, 그 사람이 폭력을 당하고 죽어가는 것을 묵묵히 방관할 것인가? 아니면, 그가 죽기 전에 손을 내밀어 내 집으로 일단 피신하라고 말할 것인가? 나의 안전을 위해, 고통스러워하는 목소리를 못 들은 척할 것인가? 아니면, 작은 그의 목소리에 힘을 실어줄 것인가? 이것은 고통이 가득한 이 시대에, 내가 실존하는 인간으로서 어떻게 살아갈 것인가와 직접적으로 관련된 과제다. 나는 나의 자유를 어떻게 쓸 것인가? 고통을 겪는 사람 곁에 서는 일에는 분명 커다란 용기가 필요하다. 그러나 그 용기의 형태는 따뜻한 위로, 친절한 미소, 환대, 용기의 북돋음, 소박한 선물과 같은 작은 것들일 수도 있다.

아우슈비츠 수용소 생존자 빅터 프랭클(Viktor Frankl)은 냉담하고 체념적인 태도가 일상화된 사람은 삶의 의미를 찾지 못하며, 그로 인해 자기 자신을 더 빨리 죽음으로 이끈다는 사실을 수용소 현장에서 보고 겪으면서 깨달았다.[8] 체격이 건장하고 남들보다 육체적으로 건강한 사람이라도 예외가 없었다. 인간은 의미를 찾고 세계 속에 자신의 가치를 드러냄으로써 삶의 존재감을 확인하는 생물체이기 때문이다. 따라서 타인에 무관심하고 삶에 냉소적인 사람은 결국 무의미의 수렁에 직면하게 되고 거기서 빠져나오기가 어렵다. 행복에도 이를 수가 없다. 결국 무관심과 책임, 그 둘 중에 무엇을 선택할 것인가는 궁극적으로 우리가 삶을 어떻게 만들어갈 것인가 하는 질문과 같다. 타인을, 언제든지 살해해도 무방한 호모 사케르로 대하면서, 결국 나 자신도 호모 사케르로 전락해 버리는 것은 아닐까?

그래서 나는 걸음을 멈추지 않는다. 세월호 참사가 지난 지 10년이 흐른 지금도 자료를 검토하고, 이야기들을 수집하고, 글을 쓴다. 레이먼드 윌리엄스(Raymond Williams)는 사회의 변혁은 일상적 수준에서의 문화적 변화가 반드시 수반되어야 하기에 "기나긴 혁명"이라고 말했다.9 사고 방식이나 생활양식을 총체적으로 의미하는 '문화'란 결코 한 번에 쉽게 바뀌지 않기 때문이다. 물론 매 시도들은 조금씩 변화를 생성한다. 사람들의 경험을 바꾸고, 생각을 바꾸고, 행동의 새로운 가능성들을 열어젖힌다. 그러나 우리가 꿈꾸는 사회의 변혁은 그것이 아무리 혁명적이라고 하더라도, 결코 한 번에 이루어지지 않는다. 그것이 대단한 변혁을 만들어내지 않는 것 같아 보이더라도, 또한 심지어 온전한 실패로 귀결된 것처럼 보이더라도, 아주 조금씩만 변한다. 그러나 결국 역사적 사건들은 쌓이고 쌓여 우리의 감정과 사고를 자극하고 우리를 다르게 행동하도록 이끈다.

　우리는 지금 무관심과 냉소의 긴 동굴 속에 갇혀 있다. 실패와 무변화의 경험은 우리의 힘을 빼앗아왔고, 사고를 정지시켰다. 스스로를 의심하게 했다. 그러나 동굴에는 끝이 있다. 우리가 걸음을 멈추지만 않는다면, 머지않아 끝을 마주할 것이다. 그리고 하나의 정동이 영원히 지속되지 않듯이, 우리의 정동도 마침내 다른 빛으로 바뀔 것이다. 나는 그것을 믿는다.

의미를 상실한 시대, 새로운 방향을 지향하며

"오늘 살아 있음이 부끄럽고 참담할 뿐입니다."

살아 숨 쉬고 있는 것 자체가 부끄럽고, 참담하다는 말은 어떤 의미일까. 이 글을 쓰던 중 TV에서 대통령이 이태원 참사 특별법에 거부권을 행사했다는 뉴스가 흘러나왔다. 여기에 정부는 유가족과 협의도 없이 일방적으로 지원 대책안까지 발표했다. 나와 만나 이야기를 나눴던 희생자 유가족 한 분이 이를 규탄하는 자리에서 무너지듯 위와 같이 말했다. 시민들의 양심과 공감이 모여 제정된 이태원 특별법이 시민들이 뽑은 대표에 의해 '내팽개쳐'졌다. 사람에 대한 최소한의 도리의 믿음마저 완전히 무너지는 순간이었다.

지난 10년을 되돌아보면, 참사 이후 비슷한 모습들을 반복해서 마주했다. 기시감이다. 세월호 참사도, 가습기 살균제 참사도, 코로나19 팬데믹 시기 의료 공백에 의한 사망도, 이태원 참사도, 오송 지하차도 참사도, 셀 수 없이 반복된 크고 작은 참사들 중 시민에게 온전한 애도를 허용한 적은 없었다. 참사를 예방하고 관리하고 처리해야 할 정부와 행정 책임자가 생존자와 유가족이 요청한 것을 겸허히 받아들인 적도, 적어도 진심으로 사과한 적도 없었다.

정부는 그동안 최선을 다해 수사했고, 방지 대책을 마련했으며, 유가족과 피해자를 지원해왔다며 피해자 지원금, 의료·간병비 확대 등을 골자로 한 대책안을 서둘러 발표해버렸다. 이 모든 말들은 유가족을 불순하고 불온한 집단으로 내몰았다. 너무나 그럴 듯한 방법으로 한순간에 피해자인 유가족을 사회의 안전을 훼손하는 가해자로 둔갑시켰다. 유가족은 이렇게 절규했다. "가장 모욕적인 방법으로 (특별법을) 거부한 것도 모자라, 저희를 댓글부대의 먹잇감으로 내던졌습니다."

이것이 사라 아메드가 말한 "감정의 문화정치"다.[1] "최선을 다했다", "피해자 지원금을 마련했다"라는 평범한 말들 속에는 '그럼에도 불만을 품는 집단'이라는 낙인이 숨겨져 있다. 이렇게 그 무엇도 요구하거나 항변할 수 없는 덫 안으로 휘말리고 본질에서 멀어진다. 그 덫의 경계 밖은 정부와 댓글부대의 무시, 모멸, 혐오라는 가시 돋친 덤불로 휩싸여 있고, 그 안은 모멸감, 수치심, 참담함, 원통함이 끈적하게 뒤엉켜 유가족의 온몸에 달라붙어 있다.

참담함은 곧 희망의 상실이다. 희망은 가능성에 대한 감각이니, 절망은 곧 삶의 가능성을 느낄 수 없다는 뜻과 같다. 삶의 가능성(의미)을 '생각'할 수 없는 것이 아닌 '느낄' 수 없는 것은 어떤 상태일까. 일상에서 마주치는 모든 대상과 말에서 긍정이란 찾을 수 없고 칠흑 같은 부정적 느낌을 오감으로 전달받는 상태 아닐까.

여기서 중요한 것은 우리가 느끼는 모든 감각에도 나름의 '역사'가 있다는 점이다. 과거에 특정한 감각을 경험하면, 그 감각은 몸과 마음에 새겨져 이후 비슷한 상황이 재현될 때 그 특정한 감각을 지향하도록 만든다. 이태원 참사 유가족이 느끼는 참담함은 이태원 참사'만'으로 형성된 것이 아니다. 짧게는 지난 10년간 발생한 사회적 참사부터, 길게는 제주 4·3 사건과 5·18 광주 민주화 운동에 이르기까지 제대로 애도되지 않고 해소되지 않은 오래된 아픔의 역사도 함께 영향을 주었을 것이다.

'살아 있음이 부끄럽다'는 마음은 어떤 감각일까. 추측컨대 지극히 당연한 생명 존중에 대한 최소한의 요청을 불손한 투정으로 내칠 때 그 뻔뻔함 앞에서 솟구치는 허탈과 허무, 모멸감이지 않을까. 사라 아메드는 수치심을 "주체를 길들이는 느낌이자 그렇게 길들여진 주체가 경험하는 느낌"이라고 정의 내렸다.[2] 생명 존중과 관련해 우리는 '그것을 지키지 못했을 때' 수치심을 느끼도록 길들여졌다. 그렇기에 보통의 상황이라면, 사고로 다친 사람을 외면하고 지나쳐버리는 것을 부끄러워한다. 그런데 우리가 마주한 현실은 이와 반대로 향하고 있다. 외면하지 않고 도움을 갈구하는 사람이 되레 수치심을 느끼는 사회로 퇴행하고 있다. 나아가 생명 존중의 마음이 크면 클수록 모멸적인 정치적 수사 앞에 더 큰 상처를 받는 현실로 내동댕이쳐지고 있다. 적어도 지금 시청광장 앞 분향소의 현실은 그러하다.

모든 감정은 특정한 지향성을 추구한다.[3] 예를 들면, 행복감은 미래를 지향한다. 애정은 그 대상을 지향하게끔 한다. 그리고 그러한 감정은 어떤 대상(인간, 기호, 말, 사물, 환경 등)과의 마주침에 의해 형성된다. 그 모든 대상의 경계·표면에는 그러한 지향을 만드는 느낌들이 '끈적끈적하게' 붙어 있다.[4] 바퀴벌레의 매끈한 몸에는 마주치는 모든 이를 움츠러들게 만드는 역겨움이 끈적하게 묻어 있다. 또한 국가대표의 가슴 위에 새겨진 태극기를 바라볼 때와 광화문 인근에서 흩날리는 태극기를 목격했을 때 솟구치는 감정은 분명 같지 않을 것이다.

전자가 누군가의 이목을 끌어당긴다면 후자는 멀어지게 할지 모른다. 이처럼 모든 대상은 무언가와 마주치며 관계를 맺을 때 서로를 유인 혹은 배척한다. 그렇게 관계를 가깝게 혹은 멀게 만드는 힘이 이 책에서 말한 '정동'이다. 정동은 "관념·가치·대상들 간의 연결을 유지하거나 보조해주는" 일종의 '접착제'인 셈이다.5

짧은 치마, 빨간색 머리, 문신이 가득한 팔 등은 이 모든 기호와 물질을 마주친 사람에게 떨칠 수 없는 느낌을 끈적끈적하게 끼얹는다. 그 느낌들이 누군가의 의식 안에 응결되어 이름 붙여지면(예를 들어 불쾌, 역겨움 등) 우리는 그것을 '감정'이라 부른다. 그렇게 감정이 잉태되고 새겨진 몸은 '지향'을 시작한다. 마주쳤던 불쾌하고 역겨운 대상한테서 멀어지도록 말이다. 이제 우리 주변을 둘러보자. 일상에서 마주치는 수많은 대상, 기호, 말, 사물 들의 표면에서 우리를 끌어당기는, 또는 밀쳐내는 끈끈이가 보이는가. 그 끈끈이가 덧붙여준 감각은 희망에 가까운가, 절망에 가까운가. 아니면 무력감 혹은 불안감인가.

지난 10년간, 우리는 사계절 중 두 계절을 빼앗겼다. 매년 4월 16일과 10월 29일은 애도의 계절이다. 외면하고 무감각해지려 해도 계절은 또다시 반복된다. 그리고 더 많은 날들과 계절을 다가올 크고 작은 참사들에 빼앗길지 모른다. 시간도, 장소도, 계절도 그렇게 하나둘씩 슬픔의 정동들로 끈적하게 뒤덮여버릴지 모른다. 그렇다면 우리는 어떻게 살아야 할까. 일상적으로 벌어지는 참사에 속절없이 무너지는 일밖에 도리가 없는 걸까. 불안과 우울, 긴장과 초조의 덫에 빠지지 않기만을 기도하는 수밖에 없을까.

이 책은 그 답을 찾기 위한 노력의 결과물이다. 다섯 명의 의료인류학자들이 각자의 현장에 새겨진 참사 속 아픔의 역사를, 그 정동의 계보학을 탐구하고 기록했다. 한국문화인류학회 및 연구회 구성원들의 관심과 지원, 그리고 현장 시민들과의 우연한 마주침들이 없었다면 여기까지 오지 못했을 것이다. 처음부터 '참사와 정동'을 주제로 책을 기획한 것은 아니었다. 그러나 책의 방향을 잡기 위해 애쓰던 시기, 우리를 여기까지 데려다준 것은 '이태원 참사와 애도의 부재'였다. 이태원 참사 이후 우리를 에워싼 정동은 세월호 참사 때와는 사뭇 달랐다. 이태원 참사는 정부가 애도의 시간을 상정하고 재빨리 치워버리려 노력한 탓인지 참사 1주기가 다가오기도 전에 순식간에 잊히고 휘발되는 듯했다. 제대로 기억조차 되지 않는 분위기였다. 이 책은 그렇게 반복되는 참사 속, 반드시 마련되었어야 할 애도가 상실되고 무뎌지는 과정을 추적하고 기록하기 위해 기획됐다.

'방향성'. 현장을 오가며 책을 쓰는 과정에서 마음속에 새긴 단어다. 이태원 참사 유가족과 만나 이야기를 하면서 각별히 이 단어의 의미를 새로 곱씹게 됐다. 슬픔에 젖어 있고, 환멸에 지쳐 있을 때 삶은 가야 할 방향을 상실한다. 방향을 잃은 유가족들의 삶을 붙잡아준 것은, 그게 어디든 나아갈 방향을 알려주는 무언가였다. 방향성은 추상적이기보다 매우 일상적이고 구체적이었다. 그것은 큰 틀을 짚어주는 설명서가 아닌 세세하고 자잘한 일일 시간표에 가까웠다. 몇 시부터 몇 시까지 마음껏 울고, 언제 누구와 함께 시간을 보내고, 어느 곳에 갈지 결정하는 것 같은, 우연히 마주칠 경이로운 순간들을 향해 눈덩이를 굴리며 몸을 나아가게 하는 것이었다. 그렇게 조금씩 조금씩 긍정의 정동들이 달라붙는 것을 목격했다. 바라건대, 이 책이 일상적 참사로 무너진, 또는 무뎌진 사람들의 여정을 희망의 방향으로 이끌 마주침이 되었으면 한다.

2024년 4월

김관욱

후주

머리말

1   매컨 왓킨스, "인정 욕구와 정동의 축적", 멜리사 그레그·그레고리 시그워스 편저, 《정동 이론》, 최성희·김지영·박혜정 옮김, 갈무리, 2015, 440쪽.

2   벤 앤더슨, "정동의 과잉 조절하기: '총력전' 상황의 사기진작", 멜리사 그레그·그레고리 시그워스 편저, 《정동 이론》, 최성희·김지영·박혜정 옮김, 갈무리, 2015, 274쪽.

3   엄기호, 《고통은 나눌 수 있는가》, 나무연필, 2018.

"열이 나면 받아줄 수가 없대요"

1   Michael Herzfeld, *"The Social Production of Indifference: Exploring the Symbolic Roots of Western Bureaucracy, Chicago and London"*, The University of Chicago Press, 1992, p. 163.

2   "역시 8282의 민족"… 백신 접종률 미국 일본 제쳤다, 〈매일경제〉, 2021년 10월 24일, https://www.mk.co.kr/news/society/view/2021/10/1006491/?utm_source=naver&utm_medium=newsstand.

3   "韓, 생각못했던 속도로 백신접종 미국 제쳐" NYT의 감탄, 〈머니투데이〉, 2021년 10월 2일, https://n.news.naver.com/article/008/0004 651751?ntype=RANKING.

4   18~49세 5개월 간격 부스터샷... 모든 확진자 재택치료, 〈서울경제〉, 2021년 11월 29일, https://n.news.naver.com/article/011/000399 0872?cds=news_my.

5   막스 베버 지음, 《관료제》, 이상률 옮김, 문예출판사, 2018.

6   Akhil Gupta, "Red Tape: Bureaucracy, Structural Violence, and Poverty in India, Durham and London", Duke University Press, 2012.

7   Michael Herzfeld, "The Social Production of Indifference: Exploring the Symbolic Roots of Western Bureaucracy", Chicago and London, The University of Chicago Press, 1992.

8   Colin Hoag, (2011), Assembling Partial Perspectives: Thoughts on the Anthropology of Bureaucracy. Political and Legal Anthropology Review, 34(1): 81-94.

9   오은정, (2014), 〈관료제적 문서주의 속에서 기록과 기억: 한국 원폭피해자의 일본 피폭자건강수첩 취득 과정에 대한 민족지적 연구〉, 《한국문화인류학》 47(2): 159-199.

10   고 최광윤 씨와 그의 가족 이야기는 〈부산일보〉가 코로나 사망자 유족에 관해 기획 보도한 "늦은 배웅"이라는 기사에서 가져왔다. 출처: http://bye.busan.com/sub/you/story/obje01.asp.

11   Lisa Stevenson, (2012), The Psychic Life of Biopolitics: Survival, Cooperation, and Inuit Community. American Ethnologist, 39(3): 592-613.

12 英 '공짜 의료' 의 불편한 진실… 1만 3000명 죽음으로 내몰다 https://www.hankyung.com/international/article/2013071763131.

13 Sophie Day, "*Waiting and the Architecture of Care, in Das, Veena and Clara Han(eds.), Living and Dying in the Contemporary World: A Compendium*", University of California Press, 2015, pp. 167-184.

14 Sophie Day, "*Waiting and the Architecture of Care, in Das, Veena and Clara Han(eds.), Living and Dying in the Contemporary World: A Compendium*", University of California Press, 2015, pp. 167-184.

15 https://blog.naver.com/PostView.naver?blogId=daegu_news&logNo=221848099528&categoryNo=105&parentCategoryNo=&from=thumbnailList

16 Nick J. Fox and Pam Alldred, "*Sociology and the New Materialism: Theory, Research, Action*", Los Angeles, London, New Delhi, Singapore, Washinton DC, Merlbourne: Sage, 2016.

발과 손으로 다져간 아들의 생명

1 김지원, "부모이자 피해자로 살아가기", 의료인류학연구회 기획, 《아프면 보이는 것들》, 후마니타스. 2021, 42-44쪽.

2 자세한 내용은 다음 논문을 참고하기 바란다; 김관욱, (2021), 〈생명 '너머의' 행진: 코로나19 '리미널리티' 속 죽음에 대한 걷기 의례〉, 《비교문화연구》 제27권 제2호, 5-68쪽.

3 박중엽, "故 정유엽 만난 이태원참사 유가족… 3주기 추모제", 〈뉴스민〉,

2023년 3월 19일, https://www.newsmin.co.kr/news/86424/.

4   변진경, "〈2020 올해의 인물〉 유엽이의 죽음은 무엇을 말하는가", 〈시
     사IN〉, 2020년 12월 29일, https://www.sisain.co.kr/news/article
     View.html?idxno=43504.

5   Javier Auyero, "*Patients of the State*", Duke University Press,
     2012, p. 1-22.

6   김종엽, 《연대와 열광: 에밀 뒤르켐의 현대성 비판 연구》, 창작과비평사,
     1998.; 에밀 뒤르켐, 《종교생활의 원초적 형태》, 민혜숙·노치준 옮김,
     한길사, 2020.

7   Dorota Golańska, "*Affective connections: Towards a new materi-
     alist politics of sympathy*". Rowman & Littlefield, 2017, p. 164~166.

8   Jonathan Shay, (2014), Moral injury. *Psychoanalytic psychology*
     31.2: 182.

9   Neil Smelser, "*chapter 2. Psychological Trauma and Cultural
     Trauma,*" in Alexander, J. C., Eyerman, R., Giesen, B., Smelser, N.
     J., & Sztompka, P. "*Cultural trauma and collective identity*". Univ
     of California Press, 2004, p. 44.

10   L씨의 도자기 작품 사진과 그 내용은 2023년 4월 15일자 경향신문
     기사(유선희 기자) "[싸우는 여자들]아들 잃은 엄마는 매일같이 도자기
     를 빚었다"를 통해 직접 확인할 수 있다(https://m.khan.co.kr/national/
     national-general/article/202304150600001#c2b).

11   인터뷰 내용은 〈4·16 희망목공소 인터뷰〉 2020년 2월 28일자 영상에
     서 가져왔다(https://www.youtube.com/watch?v=JUY69puRagg).

12   제임스 조지 프레이저, 《황금가지 제1권》, 박규태 옮김, 을유문화사,
     2021, 65-130쪽.

13 이현정, (2020), 〈피해자, 시민, 부모로서 건강할 권리: 세월호 참사 유가족의 경우〉, 《한국문화인류학》 제53권 제3호, 445-487쪽.

14 김성례, 《한국 무교의 문화인류학》, 소나무, 2018, 454-456쪽.

15 브라이언 마수미, 《정동정치》, 조성훈 옮김, 갈무리, 2018, 135쪽.

16 멜리사 그레그·그레고리 시그워스 편저, 《정동 이론》, 최성희·김지영·박혜정 옮김, 갈무리, 2015, 28-35쪽.

17 Ben Anderson, (2006), Becoming and being hopeful: towards a theory of affect. *Environment and Planning D: society and space* 24.5: 733-752.; Ben Anderson, (2021), Affect and critique: A politics of boredom. *Environment and Planning D: Society and Space* 39.2: pp.197-217.

18 브라이언 마수미, 《정동정치》, 조성훈 옮김, 갈무리, 2018, 6-7쪽, 143-145쪽.

19 브라이언 마수미, "정동적 사실의 미래적 탄생: 위협의 정치적 존재론", 멜리사 그레그·그레고리 시그워스 편저, 《정동 이론》, 최성희·김지영·박혜정 옮김, 갈무리, 2015, 96-125쪽.

우리가 그 시절 잃어버린 것들

1   Lee KB, (2020), Considering Death and Condolences from an Educational Perspective: How to Examine Condolences in Response to Death in Death Education. *Korean Medical Education Review*, 22(3): 163-172.

2   Lee KB, (2020), Considering Death and Condolences from an Educational Perspective: How to Examine Condolences in

Response to Death in Death Education. *Korean Medical Education tion Review*, 22(3): 163-172.

3   Lee KB, (2020), Considering Death and Condolences from an Educational Perspective: How to Examine Condolences in Response to Death in Death Education. *Korean Medical Education tion Review*, 22(3): 163-172.

4   어니스트 베커 지음, 《죽음의 부정》, 노승영 옮김, 한빛비즈, 2019.

5   어니스트 베커 지음, 《죽음의 부정》, 노승영 옮김, 한빛비즈, 2019, 61쪽.

6   Park JC, (2017), A critical examination of the attitude of modern medicine toward death: in the perspective of existentialist psychology. *Philos Med*, 24:39-76.

7   Park JC, (2017), A critical examination of the attitude of modern medicine toward death: in the perspective of existentialist psychology. *Philos Med*, 24:39-76.

8   엘리자베스 퀴블러 로스, 데이비드 케슬러 지음 《인생 수업》, 류시화 옮김, 이레, 2006.

9   엘리자베스 퀴블러 로스, 데이비드 케슬러 지음 《인생 수업》, 류시화 옮김, 이레, 2006.

10 Abou Farman, (2017), Terminality. *Soc Text*. 35(2-131):93-118.

11 왕은철 지음, 《애도예찬》, 현대문학, 2012.

12 엘리자베스 퀴블러 로스, 데이비드 케슬러 지음 《상실 수업》, 김소향 옮김, 인빅투스, 2014.

13 Sharon R. Kaufman and Lynn M. Morgan, (2005), The anthropology of the beginnings and ends of life. *Annu Rev Anthropol*, 34:317-41.

14   Matthew Engelke, (2019), The anthropology of death revisited. *Annu Rev Anthropol*, 48:29-44.

15   Rebecca Louise Carter, (2018), Life-in-death: raising dead sons in New Orleans. *Ethnos*, 83(4):683-705.

16   Lee KB, (2020), Considering Death and Condolences from an Educational Perspective: How to Examine Condolences in Response to Death in Death Education. *Korean Medical Education Review*, 22(3): 163-172.

17   Park SS, (2017), A study on mourning and melancholy: focusing on the theoretical topography of mourning and melancholy and the ethics of literary reproduction. *J Korean Mod Lit*, 49:107-47.

18   자크 데리다 지음, 《아듀 레비나스》, 문성원 옮김, 문학과지성사, 2016, 24쪽.

19   Wang C, (2012), Freud's and Derrida's theories of mourning: "I mourn therefore I am". *Engl Lit*, 58(4):783-807.

20   덴도 아라타 지음, 《애도하는 사람》, 권남희 옮김, 문학동네, 2010.

21   왕은철 지음, 《애도예찬》, 현대문학, 2012, 287쪽.

22   Nancy Scheper-Hughes. *"Death without weeping: the violence of everyday life in Brazil"*, Berkeley(CA): University of California Press; 1993.

23   김홍중 지음, 《마음의 사회학》, 문학동네, 2009, 6쪽.

24   김홍중 지음, 《사회학적 파상력》, 문학동네, 2016, 13쪽.

25   Lee KB, (2020), Considering Death and Condolences from an Educational Perspective: How to Examine Condolences in Response to Death in Death Education. *Korean Medical Education*

Review, 22(3): 163-172.

26 Park JC, (2017), A critical examination of the attitude of modern medicine toward death: in the perspective of existentialist psychology. *Philos Med*, 24:39-76.

27 왕은철 지음, 《애도예찬》, 현대문학, 2012.

돌봄의 얼굴들

1 정종민, (2022), 〈비접촉시대에 돌봄노동자의 삶과 노동의 위태로운 기술로서 정동적 부정의〉, 《한국문화인류학》 55(3): 321-363.; 정종민, (2023), 〈똥, 고름 그리고 영혼: 환대 (불)가능한 인지증 돌봄에서 영혼과 정동적 관계 맺기〉, 《한국문화연구》 45: 141-174.

2 Nancy L. Mace & Peter V. Rabin, "*The 36-Hour Day: a Family Guide to Caring for People Who Have Alzheimer's Disease, Related Dementias, and Memory Loss*", Baltimore: Johns Hopkins University Press, 2012.

3 김영옥 외, 《새벽 세 시의 몸들에게: 질병, 돌봄, 노년에 대한 다른 이야기》, 봄날의책, 2020, 12쪽.

4 Richard Taylor, "*Alzheimer's from the Inside Out*", Maryland: Health Professions Press, 2006, p. 106.

5 정종민, (2020), 〈인지증(치매) 연구와 지도제작적 민족지: 영국의 오소독스 유대인 요양원 사례를 중심으로〉, 《한국문화인류학》 53(3): 489-521, p. 501.

6 James J. Gibson, "*The Ecological Approach to Visual Perception*", Boston: Houghton Mifflin, 1979.

7   Graham Stokes, *"And Still the Music Plays"*, London: Hawker Publications, 2010, p. 94.

8   Richard Taylor, *"Alzheimer's from the Inside Out"*, Maryland: Health Professions Press, 2006.

애도의 시간은 흘러가지 않고 반복된다

1   10·29 이태원 참사 작가기록단, 《우리 지금 이태원이야》, 창비, 2023.

2   박이현(문화연대), "애도와 추모의 사회적 권리와 공간", 〈10·29 이태원 참사 1주기 학술대회: 진실과 투쟁 그리고 공동체 회복의 과제〉 자료집, 2023, 147쪽.

3   브라이언 마수미, "정동적 사실의 미래적 탄생: 위협의 정치적 존재론", 멜리사 그레그·그레고리 시그워스 편저, 《정동 이론》, 최성희·김지영·박혜정 옮김, 갈무리, 2015, 102쪽.; 패트리샤 T. 클라프, "정동적 전회: 정치경제, 바이오미디어, 신체들", 멜리사 그레그·그레고리 시그워스 편저, 《정동 이론》, 최성희·김지영·박혜정 옮김, 갈무리, 2015, 339쪽.

4   제이슨 림, "퀴어 비평과 정동의 정치학", 캐스 브라운·개빈 브라운·제인슨 림 엮음, 《섹슈얼리티 지리학》, 김현철·시우·정규리·한빛나 옮김, 이매진, 2018, 126쪽.

5   William E. Connolly, *"Neuropolitics: Thinking, culture, speed"*, Vol. 23. U of Minnesota Press, 2002.

6   사라 아메드, 《감정의 문화정치》, 시우 옮김, 오월의봄, 2023, 454쪽.

7   강민하, "10·29 이태원 참사 유가족 토론문", 〈10·29 이태원 참사 1주기 학술대회: 진실과 투쟁 그리고 공동체 회복의 과제〉 자료집, 2023, 218-219쪽.

8 희생자의 존엄과 유가족의 권리가 침해된 자세한 내용에 대해서는 다음의 자료를 참고하였다; 10·29 이태원 참사 인권실태조사단, 〈10·29 이태원 참사 인권실태조사 보고서: 10·29 이태원 참사, 인권으로 다시 쓰고 존엄으로 기억하다〉, 2023.

9 정원옥, (2023), 〈애도를 위하여: 10·29 이태원 참사〉, 《문화과학: 애도와 책임, 10·29 이태원 참사》 113: 43-66. 사전적 의미로 '사고'는 "뜻밖에 일어난 불행한 일"이며, '사건'은 "사회적으로 문제를 일으키거나 주목받을 만한 뜻밖의 일"을 의미한다.

10 정원옥, (2023), 〈애도를 위하여: 10·29 이태원 참사〉, 《문화과학: 애도와 책임, 10·29 이태원 참사》 113: 44.

11 정원옥, (2023), 〈애도를 위하여: 10·29 이태원 참사〉, 《문화과학: 애도와 책임, 10·29 이태원 참사》 113: 49.

12 사라 아메드, 《감정의 문화정치》, 시우 옮김, 오월의봄, 2023, 105-107쪽.

13 사라 아메드, 《감정의 문화정치》, 시우 옮김, 오월의봄, 2023, 45쪽.

14 사라 아메드, 《감정의 문화정치》, 시우 옮김, 오월의봄, 2023, 453-454쪽.

15 10·29 이태원 참사 인권실태조사단, 〈10·29 이태원 참사 인권실태조사 보고서: 10·29 이태원 참사, 인권으로 다시 쓰고 존엄으로 기억하다〉, 2023, 68쪽.

16 10·29 이태원 참사 인권실태조사단, 〈10·29 이태원 참사 인권실태조사 보고서: 10·29 이태원 참사, 인권으로 다시 쓰고 존엄으로 기억하다〉, 2023. 58쪽.

17 10·29 이태원 참사 인권실태조사단, 〈10·29 이태원 참사 인권실태조사 보고서: 10·29 이태원 참사, 인권으로 다시 쓰고 존엄으로 기억하다〉,

2023. 59쪽.

18 이해수, (2023), 〈금기가 된 카니발과 애도의 위계: 우리는 왜 이태원 참사를 애도하지 못하고 있는가〉,《문화과학: 애도와 책임, 10·29 이태원 참사》 113: 84-107.

19 정원옥, (2023), 〈애도를 위하여: 10·29 이태원 참사〉,《문화과학: 애도와 책임, 10·29 이태원 참사》 113: 66.

20 정원옥, (2023), 〈애도를 위하여: 10·29 이태원 참사〉,《문화과학: 애도와 책임, 10·29 이태원 참사》 113: 63. 자세한 내용은 다음의 논의를 참고하기 바란다; 양천수·최샘, (2020), 〈타자에 대한 책임의 근거-레비나스의 철학을 예로 하여〉,《법철학연구》 23.1: 169-208.

21 사라 아메드,《감정의 문화정치》, 시우 옮김, 오월의봄, 2023, 395쪽.

22 10·29 이태원 참사 인권실태조사단, 〈10·29 이태원 참사 인권실태조사 보고서: 10·29 이태원 참사, 인권으로 다시 쓰고 존엄으로 기억하다〉, 2023, 85쪽.

23 이미진, "이태원 참사 159일에 설치된 '진실의 별'", 〈노동자 연대〉, 2023년 4월 5일. https://ws.or.kr/article/29229.

24 김성례,《한국 무교의 문화인류학》, 소나무, 2018, 456쪽.

25 이에 관해서는 다음의 책을 참고하기 바란다. 베네딕테 잉스타, 수잔 레이놀스 휘테 편,《우리가 아는 장애는 없다: 장애에 대한 문화인류학적 접근》, 김도현 옮김, 그린비, 2011.

기나긴 혁명, 그래서 우리는 계속 걸어갈 것이다

1 찰스 페로,《무엇이 재앙을 만드는가?》, 김태훈 옮김, 알에이치코리아, 2013.

2   리베카 솔닛, 《이 폐허를 응시하라》, 정해영 옮김, 펜타그램, 2012.

3   카롤린 엠케, 《혐오사회》, 정지인 옮김, 다산초당, 2017.

4   조르조 아감벤, 《호모 사케르》, 박진우 옮김, 새물결, 2008.

5   카롤린 엠케, 《혐오사회》, 다산초당, 2017, 69쪽.

6   지크문트 프로이트, 《정신분석학의 근본 개념》, 윤희기·박찬부 옮김, 열린책들, 2020.

7   "고교생 56%, 10억 생긴다면 죄짓고 감옥 가도 괜찮아", 〈한겨레〉, 2015년 12월 29일. https://www.hani.co.kr/arti/society/society_general/723930.html

8   빅터 프랭클, 《죽음의 수용소에서》, 이시형 옮김, 청아출판사, 2020.

9   레이먼드 윌리엄스, 《기나긴 혁명》, 성은애 옮김, 문학동네, 2021.

맺음말

1   사라 아메드, 《감정의 문화정치》, 시우 옮김, 오월의봄, 2023.

2   사라 아메드, 《감정의 문화정치》, 시우 옮김, 오월의봄, 2023, 235쪽.

3   사라 아메드, 《행복의 약속》, 성정혜·이경란 옮김, 후마니타스, 2019, 48-55쪽, 418쪽.

4   사라 아메드, 《감정의 문화정치》, 시우 옮김, 오월의봄, 2023, 198-204쪽.

5   사라 아메드, 《행복의 약속》, 성정혜·이경란 옮김, 후마니타스, 2019, 417쪽.

달라붙는 감정들

초판 1쇄 펴낸날 2024년 4월 16일

지은이 김관욱, 김희경, 이기병, 이현정, 정종민
기획 의료인류학연구회
편저 김관욱, 김희경
펴낸이 이은정

제작 제이오
디자인 형태와내용사이
조판 김경진

펴낸곳 도서출판 아몬드
출판등록 2021년 2월 23일 제2021-000045호
주소 (우 10416) 경기도 고양시 일산동구 강송로 156
전화 031-922-2103 팩스 031-5176-0311
전자우편 almondbook@naver.com
페이스북 /almondbook2021 인스타그램 @almondbook